三人称性がつくる物語として
『不思議の国のアリス』を
音読してみませんか?

～想像的な英語学習の入口として～

山田 豪
YAMADA Tsuyoshi

文芸社

はじめに　序論として

　これまでの英語学習として、次の二種類の教え方がメインのものとされています。
　(1) 英語の使い手になることを目標とする学習
　(2) 訳読して英文を理解する訓練をする学習

　以上の二つの教え方が、生徒たちから見て、これまでの学習法の主流とされているわけです。しかし、これはともに正しい英文理解ではないと考えられるのです。
　上の二つの教え方について端的に言えば、英語と日本語がどのように相違して働いているかに無関心であるため、英文理解としても日本文理解としても間違っているわけです。しかしそれでも、多くの人たちは、訳読式においても、英語に則して欧米人やその社会の在り方の把握が可能であり、学習者も英語の在り方を体得することが可能あると錯覚し誤認し、学習を進めています。
　言い換えると、そのように錯覚するのは、英語が呈する姿の理解には日本文化も日本語もともにバリアであると気づいていないからです。
　日本文化と日本語がバリアになっていて、日本人は、言語としての英語の在り方に気づき、剛構造性の英語が内蔵する深みに則して英文を習得して生き方をつくることができていません。日本自身が高く厚い壁であることが気づかれていない現在なのです。

冒頭の二つはバリアフリーの英語の学習ではないということです。

　その根拠については、以下のページで徐々に説明しますが、たとえば英語文化圏で、文化的、社会的に価値あるものは何かについて知ろうとする時、両学習法ともに弱点があります。

　英語の使い手になる学習法において言えば、英語を話す外国人のそのほとんどが、英語と日本語がどのように違っているか、英語の長所と短所、そして日本語の良さと効率の悪さを含めて、わかっていないのが実情です。しかしそれでも、生徒たちは外国人の英語の使い方に圧倒されて終わるという受動性が強いのです。ですから、そこから抜け出せない学習になっていることに大きな欠陥があるのです。

　このような欠陥をともなう学習になる理由は、英語と日本語が質的に相反する言語の関係にあるからです。

　英語と日本語が調和する言語同士でなく、大きく相反する関係にあることは、その間には大きく深く底のない暗闇が横たわっていることです。それでも、子どもたちは単純な技能検定試験や大学入試センター試験を目標にした学びを強いられてきたのが現実です。

　それでもこのことに気づかず、技能一辺倒の学習を求めることは、子どもたちに「英語なんか嫌いになれ、嫌いになれ」と仕向けていることに等しいわけです。

　結果彼らを、英語の面でも日本語の面でも、さらに彼らの内面においても混乱させ、すり減らしています。

　以上の点から、本稿では前二冊の著作に続いて、英語学習ではその教え方が根本的に変えられるべきこと、言い換

えると、日本語の訳をつけないで英文を理解するという方式へと変えられるべきだと提案しています。

　しかしただ、英語やその他の外国語を知らない人たちに対して、必要な情報などを提示し、ある程度の説明をすることが大切です。このため、客観的とされる日本語訳をつけて説明する手立てをおろそかにしてはならないわけです。そのことから、その方法については、163～165ページで検討しています。

　このこととともに基本的には、「文法・訳読法」のような弊害のある教え方であれば、そのことを認識して、従前の形式的なやり方を見直し、人々は新しく生き直す機会を獲得することができるのです。

　その目的の実現を確実で実りあるものにするためには、以下に述べる三つの眼目に関心を向けて学習するのも一つの方法です。そうすればより効果的です。しかし、日本ではこれまで冒頭に挙げた二つの学習方式に拘泥していることから、その実現が妨害されています。

　すなわち、この数十年だけを見ても、毎年定期的に実施される、各種の検定試験があります。これはどうでしょうか。それらの成績がすべてとされ、学習者の目先を大きく縛っています。教員も生徒たちも、その周囲にはびこる諸集団の、もっぱら利害関係に一方的に動かされる力学に翻弄されているわけです。

　つまり想像力が貧しくなっているのです。結果として、人間の単数存在とはどのようなものかと想像力を発揮して、単数存在としての人間がどのように生きるべきかというテ

ーマを設定して学ぶことが消え、言語教育・人間教育とし
ての英語教育の意味が見えなくなっています。

第一の眼目

　日本人の多くにおいても、自身の人間が示すあり様^{よう}の問
題点に具体的に気づくことによって、それぞれがその自立
したあり方を見出し、その環境を変え、いろいろな人たち
と、対等の形で共生へと踏み出す目を養うことが求められ
ています。

第二の眼目

　今もそうですが、これまで日本人の多くは気が弱くて、
内向きに生活し、他の人たちと進んで会話をすることが極
めて少なく、各種のテーマを設定した会話自体が嫌いなの
です。その故もあって、これからの時代は、日本人同士の、
そうした内向きさを、いかに外向きへと変えるかが問われ
ています。そして可能であれば、外国人との交流を少しで
も増やすことが求められてもいるのです。つまり、それは
日本人が少しでも前向きに生きることが問われることです。
　検定試験の成績に集中するとは、目の前にいるはずの人
間を避け、後ろ向きに自分に引きこもることでしかないの
です。言語や人間が持つ奥深さへと想像力を発揮すること
をやめて、既定の静的なルールの理解に神経を配ってどう
するのでしょうか。

　これからはまた、民主主義を停滞させないこと、つまり、
それを人々のものとすべく正しく着実に進めていくことが

大切です。そのためには、概念主義の良い側面とともに悪い側面をしっかり認識することです。

　その点では、概念主義に則した言語やキリスト教信仰というものがどのような弊害を政治に与えているかを正確に認識することが求められます。そのこととともに、問題を抱えた人たちや異民族との共生を志向するとすれば、その正しいあり方とはどのようなものかと問うことに迫られています。その際一つには、それらを大きく左右する言語としての英語が歴史的に担ってきた在り方を明確につかんでいることが基本となるのです。

　ここに述べた二つの眼目は、英語学習の目的は何かということと関わりがあるテーマです。ということはつまり、必然的に英語文化圏に生まれた人たちはどのように生きているかに突き当たることになります。

第三の眼目

　根本的な問題として、言語を使って生きることを運命づけられた私たちにとって、文字の海に溺れるか、見事泳ぎきるかが大切なことです。泳ぎきってどこに渡るかです。というのは、文字の海を征するとは、そこで自らを失わないことだからです。何をもって憧れの土地とし、そこへはどのように渡るかが問われているのです。

　一般に、文字の海へと向かう際問われることは、惰性的に過ごしてよしとする既成の在り方を克服しようとしているかどうかです。

　しかし、多くの人たちはほとんどそのようなことに関心を向けることはないようです。一面でいえば、いつまでも

既成にいてもいいのです。そこにいてもなお、エゴイスティックな在り方をしているのか、それとも、もしそれを嫌うなら、己をどのように変えようとしているかを問うことが大切です。

　それには、既成の価値とはどのようなものか、日本人のいる既成と西欧の人たちのいる既成と同じか、それとも違っているのか、さらには、違っているとすれば、どこがどのように違っているのかを、明確につかんでいることです。つまり、既成の価値とそれに限定された姿は、欧米と日本とで相違しているのですが、それでも、その相違点を明確に認識していなければ、欧米の人たちとの付き合いが、日本的な姿に隠され、やたらと消耗していくのみになるのです。

　しかしまた他面では以下のように考えることができます。

　既成を克服するとは、根底的には、エゴイスティックな在り方を克服することです。それについて、ここでアメリカ人を例に取って考えてみると、彼らの多くは、理念基本の世界に則し生活して、国家や各種のキリスト教教団というように、壮大な概念の建築を建ててそのうちに住んで、自らは救われていて幸せだと叫び、それによって他の教団に所属する人たちを愚かだとしている傾向が大きいのです。

　しかし、そのように救われたとされる世界にいる人々が、安全とされる土地にいて、その外の世界の貧しい人たちに何らかの手を差し伸べるとしても、そのことは棄てられた人たちが置かれている現実をともにすることではない、人間としての共生ではないと知ることです。

　すなわち、安全とされる土地にいる人たち自体が文字に

切り刻まれた、その点では、既成の在り方を強制された存在なのです。救われたとされても、それは観念的な把握の内のものに過ぎないのです。

　保守的な教会員として観念的に防御されているとしても、文字に切り刻まれた人たちという現実を避けることはできません。文字の海を泳ぎきって、救われた現実という土地に至っているわけではないのです。概念に則した文字の特性というか欠陥をつかむには、その長所（便利さ、明晰さ）と短所（硬さに即した文字が持つ怖さ、醜さ）とがあると認識する目を持つことが大切です。

　歴史的にみれば、問題なのは、自己中心的な固定観念にしがみつくことです。既定性に居直った母語・英語を、そのままに肯定して、よしとすることです。既定性を権威にした神学理論を振り回すことです。これらの欠点を問うことなく、この硬直性に居直り続けてきたことによって、アメリカ人でいえば、自身の人間とともに、他の「人間」を毒してきた事実があります。自己正当化があまりに強いことから見て、英語という言語の起爆力の大きさのせいと見ることができます。

　あり方は、ここに挙げたアメリカ人のそれと大きく違っているのですが、ここまで述べてきたことは、私たち日本人にもあてはまります。

　言い換えると問題は、自らの人生の姿、他の多くの人たちの存在の仕方を各々どのように把握し、つまり、自と他との、その両者を区別して把握しないままに生きたいのか、

それとも、それをどのようにしたいと思っているのかということです。

　そのためのヒント、手がかりは何か。それを手にいれるべくあるのが、膨大に肥大した文字の海です。不用意に踏み込んでそれにつかまれば、危険な海域が多々あります。とすれば、何らかの意図、テーマなくして、やたらと文字の世界に入ることは危険だろうと思われます。

　しかし、そのようなテーマがなければ、テーマを探しながらの泳ぎでもいいのです。テーマを探しつつ、自文化を象徴する「イメージ」と欧米文化を象徴する「イメージ」との間には、一定の、またははなはだしい相違があることに気づくことができれば、大変好ましいわけです。

　このような主旨に則して、本稿では次の四つの位相について考察する予定です。

　①訳読法による英語理解の問題点　②欧米文学

　③スポーツ　④キリスト教

　一般的な観点に立つとしても、英語や日本語を習得するという場合、日本人においては①の位相での習得で終わっているのです。そのため、②欧米文学、④キリスト教などの位相における理解では、分析と深みが不足し、形式的な結果になっています。ただ、④のキリスト教などの位相に関しては、別の機会に考えたいと思います。

　訳読方式に限定されていると、欧米文学でいえば、その推移が細かく描かれていることが多いのですが、それでも、その理解の仕方がどうしても日本語に引っ張られ、文学が英語世界の出来事でなく、日本文化の延長線の世界での出

来事と化しているわけです。日本文化と入り混じった描き方にされ、欧米的な発想が希薄で、抽象性に基づいた輪郭と深みを持つものとしての現実がどのようであるかについての考察が追い出されているという傾向が強いのです。つまり、英語を翻訳する際にも、その読み手にも、各々の意識の下に、意識するとしないとにかかわらず、日本的な情が時に静かに、時に激しく働いているわけです。さらには、吹きわたる空気、周囲に千変万化して働く空気が、日本語を変質させます。それら<u>情や空気の位相を切り捨てて、英語を読めるか、日本人は</u>。ということです。それでは、外国語（英語）を必修にして学ぶことに、どのような意味を見出すべきなのでしょうか。最初のセクションⅠで考えてみましょう。

目　次

三人称性がつくる物語として『不思議の国のアリス』を音読してみませんか？

～想像的な英語学習の入口として～

Ⅰ．外国語（英語）教育はなぜ必修か

はじめに

　——既成の言語がどのような在り方をしているかを意識することは大切です。でも、それがいかに大切でも、それを質的に相対化する言語もまた大切です。他の言い方をすれば、既成の言語は、どの言語にしても、いろいろな虫が蜘蛛の巣に取り込まれて食われてしまうように、人間をも、それは人間自身が短期間でつくったものではないのですが、それぞれの言語の網に取り込み、それに慣れ切って一生を終えさせる力を持っているのです。

　言語は便利な側面を持っています。しかし実に怖いものでもあるのです。ですから、価値的に相対化し合う二つの言語を意識し、その二つを生きようとすることこそが、真に自立した個に則した人間を大切にすることにつながるのです。

　英語についていえば、その既成の概念的な在り方には、簡潔さがあるものの、少なくとも日本語と日本文化から見て、予想以上に深い亀裂に根ざした相違も含んで成立しているのです。それでも、そのような既成の在り方に即した

メッセージが持つ確実性とはどのようなものかよく認識した上で、体得したいものです。

　これに対して日本語では、「和歌、俳句、地域方言、虫の音、風の音、空気の色、各種の借景、時代劇の言語、演歌・歌謡曲の言語、教科書の言語、新聞の言語、算数の言語、工学の言語、法規定の言語」などというように、具体的な形態として分散して、既成の言語があるのです。

　であるとすれば、それらをどのように価値的に相対化したらいいのだろうかということになります。

　共通語（標準語）とされる言語も既成の言語の一つです。それも日本的な一定の状況につかみ込まれたものです。そのため、情報や知識として表面的に普遍を定着させているかに見えても、それらは形だけの普遍です。それを正確とされる日本文に置いても、多くの場合実質としてはたちまち消えていきます。日本語は語形態として<u>変化にもろく敏感な</u>言語だからです。情や風や空気に根ざして働く日本文は、人々に生きる上での普遍軸を崩すことはあっても、与えることがないのです。それによって自立の言語をつくり上げることはとても難しいわけです。ですから、日本人はそれぞれの時代の空気に丸ごとのみ込まれ、あちこち放浪している人たちだと言っていいでしょう。

　ということは、自立を求める人々はあくまでも自らの気力でもって、それぞれの自立を、歯を食いしばって維持しなくてはならないということです。<u>人間力が普遍的な形式を補わなければならない</u>のです。その気力が抜けると大変です。このままでは現地語から抜け出ることは困難です。

——英語においては、人称と非人称代名詞の一人称と二人称と三人称の三項から成る既成の三角形（これについては、71ページで説明します）を含め、その剛構造性を基本として、それぞれの文が働いています。この点で、英語は日本語と質的に相違しています。

　つまりこのことは、日本語の訳をつけて、英文を構成する概念が基本の組み立て方を忠実に再現することはできないことを示しています。

　英語教育に多大な功績を残した若林俊輔元東京外国語大学教授もこのことを危惧し、次のように説明しているのです。

　　世は○○メソッドとか××アプローチの全盛のように見える。しかし実態は訳読式が底流であり主流であると私は見る。訳読式は英語を日本語に直すことを重要な作業とする。もとの英文の意味がわかっているかどうかを確認するためには、さらにより自然な日本語に置き換えることを要求する。生徒はその英語をどういう日本語にしたらよいかを熱心に考える。つまりその授業は日本語の授業になる。

　　まず理解しなければならない、とよく言われる。理解を確認するには日本語を使うのもやむをえないと言う（英語で確認するのはむずかしいからである）。日本語に訳すことも容易な作業ではないから、厳密な意味での訳でなく理解確認の手段として効果的に日本語を使えばよい、と言う。このあたりがどうもはっきりしない。そして私はこれをはっきりさせることはできないと考える。英語→日本語という形式の中では、この問題は解決しないと

考える。

　これを解決するには、考え方の方向を逆にすべきである。つまり、日本語→英語の形式を考えるべきであると思う。そんなことなら昔からやっている。和文英訳ではないか、と言われそうだが、もちろん、従来の形の和文英訳のままでいいというわけではない。しかし、和文英訳では「それを英語でどう言うか」に力点が置かれていることは確かだ。英文和訳では「それを日本語でどう言うか」で、結局、日本語の操作に集中せざるをえない。日本語の操作をやらせておいて、これを英語の学力に転移させようということははたして正しいか。

　和文英訳で与える日本語は、英文を引き出すのに適切であればよい。英文を訳した日本文を与えるのでなく、場面・状況を十分説明するものであればよい。いわゆる自然な日本語でよい。もっとも引き出された英文は、これを数多く積み重ねることによって、重要な文法を教えるものではなくてはなるまい。そうすると、引き金になる日本語と打ち出される英語との関連もあらためて検討されなければならなくなる。従来一方的に英文法とか英文型だけに頼って組み立てられたカリキュラムも当然姿を変えることになろう。（下線は筆者）

（「現代英語教育」1969年、『若林俊輔先生著作集①』pp. 15-16）

　ここで若林は、「日本語の操作をやらせておいて、これを英語の学力に転移させようということははたして正しいか」と疑問を呈しています。

　また彼は「引き金になる日本語と打ち出される英語との

関連もあらためて検討されなければならなくなる。従来一方的に英文法とか英文型だけに頼って組み立てられたカリキュラムも当然姿を変えることになろう」とも提起しているのです。このことについては、「文法の件」として、このセクションの終わりで再考する予定です。若林に従って考えると、変形生成文法理論が全盛であった1970年前後の時代にすでに、このような重い問題点があることに気づいているわけです。このことを放置したままにして、訳読法を継続してよいのかどうかです。

　そのため、先に述べた既成の三角形がどのように働いているかを確認するには、日本語を用いず、英語のみを用いて想像的にこれを意識し、そのように意識したイメージを肉体化する方向へと転じ、学習する方がよいと考えられます。この方式を進めるべく、Q&A方式の音読をして、その言語の角度を認識することがベストということになるのです。

　先ほど紹介した書籍は、著者は若林俊輔（1931-2002）とされていますが、若有保彦が中心となって、若林の雑誌掲載の論考を丹念にまとめ、『若林俊輔先生著作集①』（2018年）と『若林俊輔先生著作集②』（2019年）という二冊の著作としたものです。死後十数年を経て一般財団法人語学教育研究所から刊行されています。

　これはまさに編者・若有氏による労作そのものなのです。この書籍は、その生涯を英語教育の改善とともに歩んだ、若林俊輔の英語教育への情熱を世間の人たちに知ってほしいと願っての著作です。

必修の根拠

英語を分かりやすく学ぶには、入試から外して学習する方がいいという一つの意見があって、それについて議論が百出することがよくあります。この点は、義務教育とかかわって問われる傾向が強いのです。

このテーマが『若林俊輔先生著作集②』で扱われています。その中で若林は、英語は入試から外したほうがいいかどうかに関わって、次のように答えています。

> 　私は、外国語教育を、国語教育（ほんとうは日本語教育と言いたいところだが）とともに、国民教育の中枢の位置を占めるべきものであると考えている。だから、外国語教育を義務教育から追放することには賛成しない。
> （若林、前掲書② p.12）

しかしこの説明では「英語は入試から外したほうがいいかどうか」の話にはなってはいません。それでは、入試から外した方がいいかどうかを考えるべく、「義務教育に位置付けること」と「入試から外さないこと」とにはどのような違いがあるか、を問うことから始めてみましょう。

前者においては「英語を学ぶことには一定の意味付けがあるから、全員の生徒たちに教える、義務教育としての意義がある」とするに対して、後者では「すべての生徒たちに学習させる」という相違があるのです。

このような相違がどうしても出るのです。このような違いが出ることはとても残念なことです。どうしてそういう相違が出るのでしょうか。

強制力があるところでの学習か、それがないところでの学習かによって一定の差が出るとされるわけです。これは、どの教科でもいえるとともに、英語にはそれだけマスターしがたい側面があるからともいえます。また、英語という言語の基本として、何を学べばいいのか議論の余地があるからともいえます。さらに、歴史的にいえば、英語は各方面から執拗に外される対象とされ続けたという事実があるからです。実際にはしかし、強制力があっても、必ずしもポイントが実質化されて教えられ、かつ学ばれることはないのです。

それぞれの地域の所属性に生きること

　一般的には、各教科において、国家による一定の強制があることで生徒たちは学習をしています。しかしそれでも、同時にですが各自治体や地域からの支えもあるため、その地域の繁栄に資するべく学習する、したいという側面が強いのです。

　さらにいえば、明治期以降の日本の学習は、その地域地域の期待に応じ、その特色に張り付き、そこから得られる息吹を大切にし、諸外国からの各種の知識については情報として獲得するという意味の「均一学習」という色彩が大きいのです。そのため、その獲得の仕方については、「均一的な習得」を基調としてその程度を各種の試験で確かめるというやり方が採られてきています。ということは、このやり方は「個別価値発想の学習」を原則とするものでは決してないわけです。

　このように「個別価値発想の学習」が想定されないのは、

言い換えると、みんなが一律に学ぶことが当たり前とされているためです。つまり、日本人に授ける学習は、国家が求める知識などを上がまとめて一律に強制してさせた方が効率的だとされているわけです。

　このことは、学習に当たっては、各教師が目の前の生徒たちに合うそれぞれの教材を作成して生徒たちに学ばせるよりも、すべての子どもたちに同じ教材を強制する方が効果的だと見られている側面があることを明らかにしています。英語においては特に、生徒たちは学び方も分からないため、彼らは自主的、自律的に学習する必要はないとされてきているようです。この点ではまた、それぞれの教師がいろいろな教え方をするのは好ましくはないとされていることでもあるのです。

　さらにこれ以上に、学習者がその地域とそこに住む人たちはみな、その地に合うことを求めるため、子どもたちには一律の学習をして欲しいと期待しているといった面があるように思われます。このような理由で、真に異常なことですが、日本では歴史的に一定の権威ある教材、一定の権威ある教え方が尊重されています。

　別な面でいえば、日本人とは多分、他から、そして上から権威を持って強制されなければ、自主的に学習しない面を具備していると見なされていることが強い点もあると思われます。

　すなわち、一個の人間として主体的に自立性へと向かう存在であるという点での信頼性が、日本人に置かれていないか、もしくは、置きたくないとされているようです。そ

れぞれの価値観に基づいて、生徒たち各々が言動するものだという見方ができないのです。その大きな根拠の一つは、日本語という言語が、個バネを持って機能していない側面が大きいからです。

個バネ

それでは、日本語にはなぜに個バネが生まれないのでしょうか。個バネとは、英語に生きる人間各々が持っていて、避けられないものであり、その身体一つひとつに刻印された、肯定と否定の装置を行使して、他者や自己に対して、概念に基づく確認や疑問を示すための「一定の起動力であり、反応力」のことです。あくまでも単数としてある身体に剛構造文として刻印された思想性でもあるのです。

これに対して、日本語は、いろいろな人たちの心情が、また、いろいろな地域がありますが、それら各々の地域が呈する様子や思いが、どのようなものかと忖度されて発せられるものです。日本語という言語は、どこまでも具体的なもので、それぞれの地域性・地域の歴史性や、そこに集まる人たちの、感情・感覚に張り付き、離れられないで働いています。それぞれにおいて、独自の均一性があり、それらはそれぞれの場から受けとって他律的につくられ、それらを人々は受動的に受け取って生かされてもいるのです。

それ故に、個バネに基づいて、価値的に相違した発想がなされる作業は、邪魔で不協和音そのものなのです。結果として、西欧からの圧力に引きずられ、それら外国に倣う知識や情報を学ぶ者か、便宜的にそれら知識や技能を利用する者として自己把握する傾向が強いのです。

　それでは、英語に類する言語ではどうでしょうか。ここ
では、一定の既成の価値観に乗って、人々が剛構造的に組
み立てられた文を、既定の剛構造性と概念性に執着して、
文ごとに肯定するか否定して、操作して作り出すものです。

　しかし、「剛構造性と概念性」もまた観念という在り方
をして均一化して働きます。剛構造ですから、気づかれな
いでこれが機能すると、暴君にもなるのです。これがまた
暴力化して、はなはだしい差別へと向かってもいます。近
年のトランプ現象に見られるように、これは言うまでもな
いことです。そして、こうなることは、きわめて怖いこと
です。人々が乗る価値観がみな同じであることが多々ある
のです。価値観が等しい剛構造文が、他の多くの意見に同
調して示されると怖いわけです。

　つまり、少なくとも、個バネが植え込まれていれば、そ
の人は嫌でもその個バネに則して、一定の価値観に則して、
学び始める存在を強いられているのです。そして、この個
バネ故に、伝統的で、保守的な在り方を拘束とせず、それ
に敬意を示すことが一般的であり、この意味でもこの類い
の拘束から抜け出にくいのですが、それでも人々は前向き
に概念性に則した言語を日常的に使って、スポーツや商行
為や各種の積極的な行為をしています。

　ですから認識すべきことは、個バネが植え込まれた存在
として生きているか、それとも、そこに流れる状況に親近
感を示し、それに溶け込む均一に張り付いた存在として生
きているかには、巨大な差があるということです。

進学校

　進学校とは不思議な存在です。それらはなぜ現れたのでしょうか。それは、生徒とはまずは、それぞれの地域に流れる伝統を継承する状況に張り付いた存在でいてほしいと見られているところに生まれるものです。そこでは観念基本の在り方ではなくみな情の働きや感覚の位相において、均一な存在とされているのです。

　そのため、そこで生徒たちの能力差が出るようにするには、否応なく点数、すなわち客観的とされる一定の基準に依存することになるわけです。そこにこそ技能の精度や情報量の多寡にウエイトを置いた学習方式が生まれた理由があったと思われます。外国語の習得の程度が知的能力の向上が図られる手段とされてきています。そのようなものですが、これを「義務教育に位置付けること」と「入試から外さないこと」に関係して、若林は以下に次のような説明をしています。

　　　最近、H氏に会う機会があった。H氏の中学校は昔から、いわゆる進学校である。私はこのときも「なぜ英語を教え、なぜ生徒たちは英語を学ぶのか」と尋ねた。「われわれも生徒も、非常に実際的なのですよ」と彼は答えた。つまり、英語は進学のために教え学ぶものなのである、ということであった。これは非常に正直な答えだと思った。彼の授業を参観した。彼は、英語をことばとして身につけさせることに最大の努力を払っているように見うけられた。英語に対する興味を生徒の中に呼び起こして、そして、英語をことばとして体験させ、体得させようとする。彼

のさきほどのことばとは大違いだと思った。そして、そこに H 氏の英語教師としての苦しみがあると思った。（若林、前掲書② p.10）

「英語は進学のために教え学ぶものなのである」とされていますが、これが日本のこれまでの現状でしょう。多くの教師たちも人々もこれには不満を感じつつも、それでも、これに満足せざるを得ないのです。

　それは、どの学校もそれぞれの地域に抱えられて、「それぞれの地域が求める学習」をすべきと考えているからです。ということは、英語の学習の中身として「テーマや意味づけ」がなくてもいいということになります。

　ここでいうテーマとは、「新しい知識や技能を得るためのテーマ」ではなく、「自分たち人間の姿・あり様を見直すテーマ」のことです。後者のテーマに類する意味づけがなくてもいいということです。

　それはなぜかと言えば、日本人の多くは無意識にですが、「ある一つの所属性からもう一つの所属性へ」と移動し、そのことでそれぞれの場の新しい空気を呼吸し、生き甲斐を感じて生活している側面が強いからです。そして、意識的には、その移動先がより優秀とされる所属性であることを願っていることに特徴があります。これに対して、後者のテーマを求め、それが喚起するテーマに人生をかけて生きることは、その地域の人たちに限りない不安を与えることにもなるわけです。

　それでもしかし、「H 氏の英語教師としての苦しみ」に

発した教え方は、その授業を受ける生徒たちには貴重できわめて良いことなのです。子どもたちがそういう刺激を受けることができることは大切です。がしかし、これが主要なものとして把握され、学校全体としてや、地域の出来事などに、直接生かされることはありません。そこに、教師の苦しみは苦しみとしてずっと続かざるを得ないわけです。

　入試の重みについては、下村勇三郎が以下のように述べていますが、このことからも分かります。

　　　ELECの討論会で、下村氏は、入試から英語を外したほうがいい、そのほうが、英語を自由にのびのびと教え学ぶことができる、と発言した。私は、同じ趣旨のことをH氏に尋ねてみた。「おそらく、そうなれば、だれもやらなくなるのではないか」というのが答えだった。（若林、前掲書② pp.10-11）

「だれもやらなくなるのではないか」とあります。どうもその危惧が当たっているようです。しかし、これまでの歴史が示していますが、「義務教育の英語」だから安心で、好ましいというわけでもないのです。

　歴史的には、訳読方式の英語が良いか、音声中心方式の英語が良いかがまとまらないし、この二つが両立して教えられることもないのです。基本的にはこの二つの教え方には対立関係があり、それが解けず、そのことからこれまで幾度も生徒たちに多大な迷惑を与えてきている実情です。

　文部省（文科省）による実施の仕方に関わって、教育界

以外の様々な人たちや業界が入り込み、そこに英語教師を
巻き込み、その実施の仕方について激しく対立し混乱させ
てきている経緯があるのです。そのようなことから、父母
にも、他の人々にも英語への不信感は限りないものになっ
ていると思われます。実際に英語教育廃止論が各方面から
多数出されているのが大正期以降に顕著な英語教育の歴史
です。戦前期を含めて、このような繰り返しですから、英
語の学習を、人間のあり様を含めた言語教育として真摯に
行うようになる時代はほど遠いか、来ることがないように
思えます。

自立性へと向かえるのか

「自分たち人間の姿を見直すテーマ」を選択して、自分た
ち人間のあり様をつかみ直そうとする気概が日本人の多く
に見られないのは、実際には寂しいことです。学校で学ぶ
英語はそのような牽引力になっていません。「英語をこと
ばとして体験させ、体得させようとする」ことは、英語に
一定のテーマを与え、それによって、生徒たちにそのサイ
ドからの新しい目を持つきっかけになるのです。

「あるテーマ」に集中し、そのテーマから己を鍛えること
で、人は質的に大きく成長し、自立性や対等性というあり
方へと進むことが可能になるわけです。

　そして、「ある一つのテーマからもう一つのテーマへ」
と進むことで、言語的に、政治・経済的に、神学的にも、
大きく成長していくことができます。しかし一定のテーマ
を追求する場合、問題はこのプロセスでは終わりません。

　すなわち、「ある一つのテーマからもう一つのテーマへ」

と進む場合は、この境に、つまり、「もう一つのテーマへ」の手前で、「それを再検討する」という行為が誰にもどうしても求められるのです。もし再検討するという、この修正行為がそれぞれの人にないとすれば、キリスト教保守主義の独走やトランプ現象に見られるように「既成概念の絶対主義」が世界を支配する方向へと肥大する一方です。

英語教師を骨ぬきにする英語と日本語の混合学習法

　英語を高校入試に入れなくなった県がなくなったのは昭和31年でしたが、そういう形で各自治体の意思が明確にされたのです。

　英語を高校入試に入れたために、生徒はすべて学習せざるを得なくなったわけです。そして、そのことによって、教師の側としても、そこに、生徒たちの英語学習への動機づけを見出しているだけで、そういう国からの指導に甘んじ、ただ教えるだけ、という弊害が生じています。

　そのような中でも、敗戦後十数年の間の教授法については、教師たちによる、全国にわたるといっていいほどの、血の出るような苦闘がありましたが、そのような営為を含め、いろいろな工夫があったのです。しかし、そのうちに、英語教師においても受動的になり、さらには惰性的になってきたわけです。教師として持つべき英語教育への意欲もまた見えなくなったのです。そうなれば、英語とはどのような言語かと自信をもって説明することを英語教師に期待することは到底無理になり、教え方も混迷を深めたわけです。そのため、中津燎子の『なんで英語やるの？』（文春文庫、1978年）という告発が世間の話題にもなったりした

のです。つまり、教師において「かくかくしかじかの理由で、このような英語を教えたい」という積極的な意思が表明されることが少なくなったわけです。

　生徒と教師との両方ともに、このような不幸が生まれてしまったわけです。しかしそれが不幸ともされず、マイナスともされない、そんな停滞が今も続いています。ということは、現在のみならず、英語の未来は泥沼に入り、さらに暗くなっているわけです。

　それをいいことに、国家意思は「何をどういう風にというだけでなく、教師が考えるべきことである、教え方という内容にまで」へと一方的に介入し始めたのです。教師の自主的な教授内容を生徒たちへ伝えるという、そのような基礎的な権利が奪われ、そのことで、英語教師集団は国家に使われる単なる手駒にされてきているわけです。そういう流れの中での当然の帰結としての堕落が2019年に露呈した「民間試験の導入」という事件なのです。

　このような教師の無気力さについては、次の説明にも見られます。

　「ところで」と私は言った。「教師集団の中でも、外国語教師がもっとも常識がなく社会性に欠けていると言われている現実をどう思いますか。」えらいことを言ってしまったと思ったが、もうしかたがない。だが、これに対してはだれも一言も発しなかった。そのうち、あるひとりが手を挙げてこう言った。「私は、生徒たちに、なぜ英語を学ぶかなどということを考えるひまも与えず、厳しく訓練している。」私はこのとき、ここにわれわれ英語教師

の第三十七計があると思った。

　この同じ会合で、私は、こういう質問もした。「なぜ先生方は英語の教師になったのですか。」これに対しても、あまりはかばかしい答えは得られなかった。「ただ何となく」というような答えも期待したのだが、それもなかった。「ただ何となく」という答えがあったら、「では、現在、先生は英語のどこがおもしろいと思っているのですか」と尋ねるつもりだったのだが……。（若林、前掲書②pp.8-9）

　ここでのポイントは次のものです。
「教師集団の中でも、外国語教師がもっとも常識がなく社会性に欠けていると言われている現実をどう思いますか。」
「私は、生徒たちに、なぜ英語を学ぶかなどということを考えるひまも与えず、厳しく訓練している。」

　つまり、このような状況です。まずは発音練習をします。そのあとは間髪を入れず、リーディング練習、語彙の説明、小テスト、生徒が機器を利用して練習している場合は、それについての点検。こうなると、リーディングの中身はどうでもよく、これらを訓練する手段でしかなく、特に難しい内容でなければ、何でもいいわけです。
「なぜ英語を学ぶかなどということを考えるひまも与えず」ということがもっとも当たっています。教師自身に対してもそんなひまをつくってはいません。考えても無駄と思っているからです。とすれば内面は自信のないままの空洞です。

関心は、テストの成績を上げることだけです。

ここに英語教師が社会性に欠け、無気力にもなる理由があるわけです。

敗戦直後の時代では、人々が英語を学んだ直接的な理由は米軍と華やかに見えるアメリカの存在であり、またその時代の放った力強さに触発され、戦前の時代におかしたマイナスを繰り返すまいと多くの英語教師があらん限りの努力をしていました。

しかし昭和40年代に入ると、「英語をなぜ学ぶか」という問いをなくしてはならないほど、その実態は空洞化したわけです。

英語がすべての県で高校の入試に入った30年代でしたが、そのことによって逆に点数主義が生徒と教師の前に立ちはだかるようになったわけです。そういうことで、ことばの学習も、リーディングの中身も、社会性も、主体性も、コミュニケーション能力も、そして、なぜ英語を教えるかについての問いも、不在になって当たり前となっています。

つまりは、それだけ異常な状態が恒常化し、今にあるのです。点数主義へと走りすぎている現実です。入試に一元的に帰結しその成果とする方式なのです。そのように平板な英語になっているのは、質的に「日本語と英語」がぶつかり合って両立しない面があっても、それを潜伏させ、相違についての本質を問うことを避け、表面的な形式の理解を問う「検定試験方式」で学習しているからです。

たとえばです、一歳刻みの先輩後輩関係が生きている文化です。<u>短絡して考えれば</u>、この前提で「相手を直接肯定

し、そして否定する言語を使う」ことは無理に見えるのです。日本人から見れば、英語にはこの無謀さがある、そのような英語という言語の、どこかに無謀さがあると思わざるを得ないわけです。とすれば当然に、適正な論理をすっ飛ばし、その場の流れに乗ることで先輩後輩関係にひきずられて平気な日本人であれば、彼らの英語をコミュニケーションとして教えることは無理なのです。

このような土壌で、コミュニケーションする能力やディベートをする能力を教えるには、英語と日本語との間には質的な相違があることを生徒たちに伝え、そのことを生徒たちが認識するという準備段階が必要です。

生徒たちは、「相手を直接肯定し、そして否定する言語を使う」ことは、日本文化を、先輩後輩関係を**壊すことではない**と認識する必要があるのです。しかし、このことを、英語教師がまず実践することができません。

ですから、このことについては次の分離方式で二つの異質な言語にアプローチすることを考えることになります。

一つは、先輩後輩関係が大切な方式については日本文化を大切にすることへと奉仕させることです。

そして、もう一つは、「相手を直接肯定し、そして否定する言語を使う」方式を取ることで、これは欧米文化の姿を学び、それらの文化に属する人たちと友人になることを求めることへ役立てることです。

欧米文化に属する人たちと友人になるには、そのための土台が必要です。彼らの内面はどのような言語構造に基づいてつくられているかを、私たち日本人一人ひとりがしっ

かりと認識しないでは、彼らと友人になることなどできません。

なぜ英語を教えるか

　「なぜ英語を学ぶか、教えるか」は、日本全体を見るかぎりではほとんど問題にならない。それは実際生活の中でますます必要であり、人々はますます興味・関心を抱いている。しかし、学校教育においてそれが必要であると人々は考えているか、学校英語に人々が期待しているかとなると、これは絶望的である。学校英語は怨嗟の的であると言ったほうが当たっている。

　　学校英語総体には危機はない。だが、学校英語は絶滅寸前にある。（若林、前掲書② p.19）

「『なぜ英語を学ぶか、教えるか』は、日本全体を見るかぎりではほとんど問題にならない」とあり、混迷しているその深さに反比例して、この疑問を解こうとする人は少なくなるばかりです。しかし、表面的にはそれで仕方がないとされがちですが、今日においては保守性と硬直性が深まり、そこに各種業界の利害が絡まって事態を複雑にしている現実があり、それでいいかと問えば、それでは済まないはずです。

　実情として、これまで文科省が押し付けてきた方式では、「学校英語に人々が期待しているかとなると、これは絶望的である」と指摘される絶望感はさらに深くなるばかりです。

　そして、若林はさらに以下のように続けます。

「なぜ英語を学ぶか、教えるか」について私の意見を言わなければならない。それは、一言で言えば、英語は言語だからである。言語を度外視した人間が考えられないと同様、言語教育を無視した教育は考えられない。

　私は、英語（外国語）教育を、言語教育の一環としてとらえる。すなわち、現在の国語教育を日本語教育とし、英語（外国語）教育との間にある壁を取り払い、この両者を「言語教育」として再編成する。

　言語教育においては、まず何よりも、人間と言語のかかわりについて、その理論と実際を扱う。理論的なことだけを操るのでは言語教育は成立しない。言語は自ら実際に体験しなければ理解することもできない。これは日本語の場合も外国語の場合も同じである。ことばは人を生かすことも殺すこともできる。このことを教えなければならない。ことばと文化のかかわりも教えなければならない。日本人である生徒たちに、自分がどういう文化圏に生存しているかを言語を通して理解させるのである。ここから国際理解が生まれる。

　国際理解は、外国語教育を通じてはじめてなまなましく到達することができるのである。これは他の教科ではとうてい成し得ない。翻訳がけっして原作ではないのと同じことである。国際理解は単なる理論とか知識ではない。それは実感でなければならない。共感（sympathy）は知識だけでは得られない。（若林、『英語教育』1979年10月号、前掲書② p.20）

　この指摘はきわめて鋭いものです。三つのポイントにな

ります。

「言語教育においては、まず何よりも、人間と言語のかかわりについて、その理論と実際を扱う。」

「ことばは人を生かすことも殺すこともできる。このことを教えなければならない。」

「翻訳がけっして原作ではないのと同じことである。」

　この三点から見て、若林は、1980年前後にすでに「言語学」の領域を超えて、「人間言語学」の領域に重なる視点を提出しています。そして、「翻訳が原作ではない」という認識は、原作を基本にして思考することが基本ということを提起しています。

　原作基本という意味では、若林はまた以下のように説いています。

　　　私は、最近、本誌「読者のページ」欄で、われわれ日本人は、自分の名前を英文の中で言うときに、なぜ姓と名をひっくりかえすのか、ひっくりかえす必要はないではないか、という問題を提起した。小さなことと言われるかもしれないが、私にとっては大きな問題である。私の名前は若林俊輔であって Wakabayasi Syunsuke でさえもないのだが、まして Syunsuke Wakabayasi ではない。William Wordsworth はあくまでも William Wordsworth であって、ほんとうはウィリアム・ワーズワースでさえもない。まして、日本文の中でもワーズワース・ウィリアムになることはあり得ない。（若林、『現代英語教育』1980年1月号、前掲書② p.27）

この指摘はまた、その通りで、素直に耳を傾けねばなら

ないものです。

「私の名前は若林俊輔であって Wakabayasi Syunsuke で
さえもないのだが、まして Syunsuke Wakabayasi ではな
い」とあります。このことはまた、若林がひっくりかえす
必要はないではないか、と指摘していますが、この点を敷
衍すれば、たとえば「男や先生」は「a man とか a
teacher」ではないことを示唆しているのです。若林は「訳
読の弊害」を主張する入口にいたのです。続けて彼は次の
ように述べています。

　　　もし日本の教育がグローバルな視点に立つべきである
　　とするならば、言語教育は不可欠である。もしこの視点
　　が不要というならば、日本の教育は「ヨミ、カキ、ソロ
　　バン」に戻ればいいのである。それは単なる実学である。
　　閉ざされた小さな社会の中に自らを閉じ込めて、それで
　　よしとするならばしかたない。しかし「世論」は、幸いに、
　　そういうことまでは考えていないはずである。(若林、『英
　　語教育』1979年10月号、前掲書② pp.20-21)

「閉ざされた小さな社会の中に自らを閉じ込めて、それで
よしとするならばしかたない」と彼は指摘しています。時
代はこの見解に耳を傾けるべきです。2000年代に入ったこ
の21世紀ですが、この20年の経過を見ていると、今は再び
江戸期に戻りそうな時代世相に見えます。若林が指摘する
ように、この世相では「言語教育」へと階段を一段登ろう
とする気配は見えないのです。そんな意欲はどこにも見え
ないようです。若林は主張しています。

　私の考えでは、当然、義務教育においては「言語教育」
は必修である。小学校の最初から、外国語を含めること
には疑問があるが、小学校高学年あたりからは取り込ん
でよいであろう。（中略）高等学校以降については、私は、
選択科目でよいと考えている。ただしこれには条件がある。
高校以降の科目はすべて選択科目とすべきである。（若林、
『英語教育』1979年10月号、前掲書② p.21）

　ここでのポイントは、「高等学校以降については、私は、
選択科目でよいと考えている。ただしこれには条件がある。
高校以降の科目はすべて選択科目とすべきである」にあり
ます。若林のこの指摘が将来実現するのかどうかです。こ
の成否で、日本のこれからの学校教育が根本的に変わるか
どうかが決まるように思えます。

　高校以降の科目はすべて選択科目とすべきなのです。そ
こでこそ、生徒たちは主体性と自立性へのきっかけを見つ
けることができる権利を持ちます。

　ここでは、「外国語教育と言語教育」ですが、これとと
もに必要とされる「人間のあり方に関する教育」が可能に
なるのです。
　しかし基本的には、外国語教育も他の科目とともに、必
修とされるべきです。現状では必修が基本です。それでも
しかし、さらに言えば、他のすべての科目とともに、<u>必修
選択科目</u>として扱われるべきです。これは、文科省という

国家が設定した「硬直した規制」から自由になることです。敗戦期以降を考えても、国家によって規制された「教授法と教授内容」こそが、これまで子どもたちを拘束し、その自由を奪ってきたわけです。

　そこから自由になることで、生徒たちは単数としての人間存在を意識することができ、真にその主体性を発揮することが可能になります。つまり、必修は桎梏であったのです。そのような桎梏が、子どもたちがその自立性と主体性を発揮するきっかけを奪ってきたのです。

　日本文化を選択し、それを守る仕方で生きるにしても、そして、外国語（英語）での生き方を選択するにしても、単数存在としての子どもたち各々がつねに生き生きとしているには、それぞれの自由における選択が原点です。しかし、そのような原点に立った選択の機会がこれまで奪われてきているのです。とすれば、子どもたちは自らの足で立つ力をつけられないままに、劣化し続けるだけです。権力に囲い込まれた子どもでは、結局は「籠の鳥」でしかなく、彼らには本当の意味のグローバル化を期待することはできません。そのことを次の指摘からも理解できます。

　「売り手市場」と言われる世代だ。だがリクルートワークス研究所によると従業員５千人以上の企業の求人倍率は0.42倍（2020年大卒）。安定を求めて大企業を目指す人は多い。

　女子大学生も「スキルアップを考えるなら大企業。親も望んでいる」と話す。

　一対一での自己分析と、グループディスカッションの

対策講座があり、内定を得られなければ全額返金をうたう「就活万全コース」。約30万円の受講料は、親が払ってくれた。

　中学受験のため、小学校から塾に通っていた。テストや大学の偏差値で自分の立ち位置が数値化され、それが指標だった。就活で急に「やりたいこと」や「個性」を問われ、戸惑った。

「AIに奪われない仕事を」「終身雇用は昔の話」「ベンチャーはリスクが高い」

　矛盾だらけの大人たちの言葉は、まるで「脅し」のようだ。正直、「え」と思う。でも、就活セミナーで聞いた言葉が耳に残る。

「大人に反抗したら、それはダメです」

　大好きな絵もしばらく描けていない。焦りと不安の中、インターンの応募を続けている。（「ルポ2020カナリアの歌　プロローグ」朝日新聞　2019.12.29）

ここでのポイントは以下にあるようです。

　テストや大学の偏差値で自分の立ち位置が数値化され、それが指標だった。就活で急に「やりたいこと」や「個性」を問われ、戸惑った。

　この急変は、地球社会の実情に即応すべく、未だに学校が変わることができないことを示しています。

　子どもたちが数値化された立ち位置を強いられているのになお、就活では急に「やりたいこと」や「個性」を問われる。そのことは理不尽そのものです。学校への不信となって出ているのです。

高校ではそのため、次のことが求められるのです。すなわち、もし必修から外されることがあるとすれば、他のすべての科目も選択とし、それらとともに、外国語が選択科目とされれば、生徒たちの希望と選択として、日本文化（日本語）とともに、それと質的に相違した外国語教育を習得し、彼らに身についたものとして獲得することができるのです。

文法の件

　若林は、1969年にすでに、「もっとも引き出された英文は、これを数多く積み重ねることによって、重要な文法を教えるものではなくてはなるまい。そうすると、<u>引き金になる日本語と打ち出される英語との関連もあらためて検討されなければならなくなる</u>。従来一方的に英文法とか英文型だけに頼って組み立てられたカリキュラムも当然姿を変えることになろう」と述べて、「引き金になる日本語」と「打ち出される英語」との関連を、つまり、単なる文法や文型の説明に終わらないカリキュラムを教えることに至っているのです。

　この発見は非常に先見的なことです。若林が指摘するこの関連を調べていけば、日本語と英語とは整合しない言語同士であることへと行き着くからです。1969年といえば、1957年にノーム・チョムスキー "*Syntactic Structures*" が出され、続く1963年にはその勇康雄訳『文法の構造』が出されています。そして、1965年に "*Aspects of the Theory of Syntax*" へと続いて、変形生成文法が盛んになりつつあるときです。そのような時期にも若林の考え方は普遍文法

42

を拒絶し、それに取り込まれていないように見えます。

　しかし、普遍文法に入っても入り込まなくても、「従来一方的に英文法とか英文型だけに頼って組み立てられたカリキュラム」と指摘されていますが、若林が要求する深さは、当然これまでの学校で教えられる範囲だけでは済まないことになるのです。

Ⅱ．こんな風な音読はどうでしょうか

　日本文化と質的に相違した外国語教育の習得を目論んで英語を学ぶとすれば、その一つの切口として、音読はその仕方によっては「想像的な英語学習」への入口となるのです。

　最初にここでは、『不思議の国のアリス』を音読する試みを通して、本当の意味で立つべき視座の提示を提案します。

　Lewis Carroll, *ALICE'S ADVENTURES IN WONDERLAND* (1897)
安井泉『対訳・注解　不思議の国のアリス』（2017）

　この英文の音読練習に先立って、予備的に**次の三点**について考えてみましょう。一つは、音読の目的です。もう一つは、音読に求められる視座です。これについては、スポーツで確かめてみます。三つ目は、音読を試みるときに他に求められることです。

　これら三点は、外国語（英語）を必修にして学ぶ根拠そのものでもあるのです。

1．音読の目的

　英語が使用される社会で人々は、基本的に「一人称・二人称・三人称」の「三つの人称・非人称の骨格」に基づいて構成され、各種の思考が形成されて、彼らをつなぎ、また引き裂いて、重層的に英語世界がつくられています。このため、音読においては、そのような三つの人称・非人称がつくる骨格がつねにどのように働いているかに意識を向けることが求められます。とすれば、その関係に徹頭徹尾英語を声に出しつつ推測することで、慣れることです。しかしただ、その訓練の途中で混乱すれば、そのプロセスを日本語で何度でも振り返っていいのです。この中では、特に三人称がどのように働いているかがポイントになります。

「you vs. I」への意識化の訓練
　実際として、日本人の学習者は、人称・非人称関係について意識して英語を学ぶことはまずありません。
　英語という言語の基本の一つは、「一人称・二人称・三人称」の三つの人称・非人称関係から成る関係です。そこでは各人称は三等分された力関係を維持しているように見えますが、英語が使われる社会では、「三つの人称・非人称関係」の中でも「第三人称性」が支配して、各種の関係をつかさどっています。その意味では、習慣的、伝統的な構造が第三人称性を核として維持されているわけです。そのため、第三人称性から見える光景をつかむことが重要です。
　ここでいう非人称を受けるものは it ですが、この it には、

普通の it、天候・時間・距離の it、状況の it、形式主語の it、形式目的語の it、などが入ると考えられます。

　そのため、人間のあり方を大切にするためには、この「第三人称性」が取る在り方を価値的に相対化するという角度から、「一人称・二人称関係」が持つ意味合いを的確に把握することがもう一つの基本になるのです。

　問題は「一人称・二人称関係」です。それがいかなるものかということです。それには少なくとも、二つの違いがあります。ともに同じように見えますが、一つはまず第三者からの切っ掛けがあって持つようにと誘われたものであり、そして、もう一つは自ら持つことを求めたもの、というような違いがあるのです。

　基本的には一人称と二人称は、その在り方として対立した関係としてあり、互いに他者関係にあります。

　友人との間合いを例に取って考えれば、一般的には他者同士という在り方を土台にして協調する関係がつくられていることが一つです。また、友達関係から離れる場合がありますが、それは、他者として離れていることを意味しています。しかし、ある切っ掛けがあって、それが何らかの関係を回復し得るのではないかと分かると、再度一定の関係に入ることもあり得ます。とすれば、そこには、訳も分からず無遠慮に近寄ってきた二人称である場合、それが既成の在り方に収まるものであれば、受容されやすい側面があり、既成の在り方から程遠い場合は、それを拒絶する可能性をも予想されもするということです。

　ここでは、一般的に言って、友人関係は既成の在り方に

依存して成立し安定したものになることを指摘したわけですが、この関係が強いのは、人々は「一人称・二人称・三人称」という閉鎖した三角形に拘束されて思考し、判断する習慣にあるためです。そのようになるのはまた、英語は、音韻論的、形態論的、そして意味論的に見ても剛構造性、硬直性が優る言語である故と考えられます。そして、そのような理由のために、人によってはそれが持つ既成性にうんざりしていることも多いのです。それでもしかし、人によってはそんな既成の言語の在り方が支配的で自身もまた、そのように保守的な様相をしていることが多く、そのような保守フレームにおいて、それに波長が合ういろいろな他人たちを歓迎して各種のつき合いがなされているわけです。

　大切なことはしかし、いずれにしても、誘われた関係に対するそれぞれの人称による諾否・肯定否定が必要ということです。

　英語の既成の三人称関係が示す特徴故に、文構成の明確性・簡潔性が優越し、それが支配して、誰もがそれに近寄りやすく、利用しやすいのです。そのため、功利中心に働いたり、ないしは損得勘定に支配されやすい性格を持っています。

　また同時に、英語の既成の構造には、独語や仏語、そしてその他の言語構造と比較すると、それらとは多分に相違した組み立て方が見られ、そのような昔から変わらない構造性が習慣としてあるわけです。日常的な言語の使用の仕方に注意を向けても、とかく人々は自分の判断で物事を見ていると思っていますが、多くの場合その判断は、英語に

装備された既成の構造性にすっかり支配されていて、それが指示する範囲から出られず、それに沿って判断している側面が大きいのです。

　一般的にはつまり、人々は昔からのものにしても、新しいものにしても、既成性に即した単純性・概念性をテコにして、種々の対象に向かう在り方をするわけです。見知らぬ世界を探るにも、まず既成の種々の概念を仕立て、それに支えられて三人称関係から入るのが普通です。見知らぬ世界へのきっかけを三人称関係に即して彫刻し、つかみ、その概要へと迫っていくのです。

　それでもしかし、多くの人たちはまた、既成の在り方をした一人称に立って、対する三人称に新しい局面を発見したり、何ら意識に入らない未知の三人称世界を想定し目を向けて、それを新しい態度で分析的に見ようとする柔軟性もしっかり持っています。

「Ｉ」は「私」ではない！

　英語の授業では、これまで「Ｉ」は「私」と教えられています。

　そのように教えられていますが、それでもなお日本人は、その「私」を「Ｉ」に相当するものと把握し、思考し始めることがきわめて不得意です。そしてまた、「Ｉ」が「私」のこと、という知識を与えられると、想像的な思考回路が遮断され「Ｉ」へと戻って、「Ｉ」とはどんなものかと探る柔軟性を失います。「Ｉ」は「私」という図式は、先生に教えられ、教科書にも載っているからです。

　その種の知識は国家的に保証された確実とされる権威あるものです。かくて、その類いの知識は、高い壁となって、「Ⅰ」についての想像力を、「国家」や「キリスト教」といった思想次元の把握においても、その想像力を枯渇させ、人々を追い立てています。

　英語では形式的に「Ⅰ」は常に人称・非人称の三角形に限定された「Ⅰ」として保持されて一定の在り方を崩さないものであるに対し、「私」はいろんな状況や空気に抱え込まれ、その時々に違ったあり様をする「私、オレ、ボク、お母さん、お父さん、ばあちゃん、おじさん、先生など」とされ、つねに「一定の内容を具備した私」として一貫した在り方をする性格が奪われてしまっています。それでもそのことが無視され、ずっと「Ⅰ」は「私」と教えられています。しかし「Ⅰ」には、いくつもの訳があること自体が不自然です。「私」と「Ⅰ」との距離は遠くて、無縁です。実生活の「私」と教科書の中の「Ⅰ」とは一緒にはならないのです。「私」を「Ⅰ」に相当するものと把握するのは難しいのに、それ以上に、それを政治的なデモにおいて使うなど、とうてい想像することができません。

　このことは、「主語は『私』デモの系譜」（朝日新聞文化・文芸欄2018.4.6）に、次のように掲載されていることからも理解できます。

　　　反戦を訴えたかった高校時代、四つの道があった。政党青年部、大学で活動、労働組合、新聞に投書。そのどれでもなくベ平連を選んだのは、「個人として発言できる場」と感じたからだ。

「全共闘に友達はたくさんいたけど、『我々は』で始まる型にはまった演説とか、男尊女卑的な部分が嫌だった。軟派だったんだね（笑）。小田さんは、演説の時も『私はこう思う』と言い続けた。私を主語に、何を言うかが大事だ」

「私」の声は届くのか。

「官邸前デモも、一人ひとりの意見を『私』のまま集めている。一強多弱の政治にその声が届くかどうかは分からない。でも、『私』という主語で語り続ける人たちがいなければ、民主主義はもっと形ばかりのものになってしまう」

　自身は街頭スピーチで、奨学金で借金を背負う自身の経験を交え、若者の実感を訴える。「社会には不安や怒りを言う場所がない。周りに『自分も語っていい』と思ってもらうには、顔の見える個人で話すことが大事だと思う。僕ら世代には共通した社会のイメージがない。多様であることが前提の社会にするためにも、誰でも声を上げられる場所をつくりたい」

　このように指摘されれば、日本人においては「人称把握」がきわめて拙く不明確なことが分かります。

　実態としては、日本語は言語としては「空気構造」に溺れることで安心して働くため、「単数意識」での発意が薄弱で、仲間と肩を並べられているかどうかと主観的に得られる感覚、または実感か、もしくは思い違いで、自分の位置を推測するのみで、「一貫した価値観に生きる個意識」もないのです。

　人はみなそれぞれの地域や家庭や仲間関係にそれぞれ相互に「片割れ」として違和感なく埋没し、満足する存在なのです。何を思い不安がどれだけあっても、多くはその内側でもなかなか言い出せないし、それでも、ある人たちについては、場所によっては言い合うことができるとしても、常識としては自身で、何かをその外に向かって言い出すのはまずは想定外のことなのです。みなそれぞれの場では「良い子」でありたいし、「良い子」と言われたいので、我慢し続けて生きるのです。ちょっとでも不満を言い出したら大ごとになると思っています。

　そうであれば、「私」と言って、改めて外へと表出する機会はなくてよく、それでも一人称単数代名詞「Ｉ」に相当するものは、たとえば国家意思としても「私」と規定されています。しかし、これは間違いなのです。

　そのことは、日本で多用される、この「私」は、欧米的な「人権思想」「単数理解」を追い出す色彩をきわめて強く秘めていることからもわかります。

　ここで、次の記事「『おかしい』と声上げた高校生　政治は変わった」（ルポ2020カナリアの歌5　朝日新聞2020.1.5）を参考にしてみましょう。

　「おかしいと声を上げたら応援してくださる方が増え、第一歩を踏み出せた。本当に感謝しています」
　居並ぶ国会議員の前に立ち、語りかけたのは東京都内の私立高校に通う2年生だった。大学入学共通テストで予定していた英語民間試験活用の見送りが決まった昨年11月1日、国会の一室で開かれた「英語民間試験の延期

を求める会」だ。

ツイッターでは Chris Redfield Ken と名乗るケンさん（17）に改めて話を聞くと、最近まで政治ニュースはひとごとだと受け流していたそうだ。

「だって政治家批判なんて、してはいけない雰囲気があるじゃないですか」

え？　どうして？

「ふつう、話さないことになってるんです。学校や塾、部活で忙しくて余裕のない人ばかりだし。『決まってることなんだから、やめなよ』『言ってもむだだよ』という人もいる」

ケンさんが変わったのは8月。当時の柴山昌彦文部科学相が、民間試験について「サイレントマジョリティは賛成です」とツイートした時だ。

試験を受けるのはぼくたちなのに、声を受け止めずに決めるのか。怒りを覚えたケンさんは柴山さんに返信し、学校は不安な生徒の阿鼻叫喚であふれていると伝え、「この声は拾ってくれませんか？　いつからこの国は都合の悪い他の人の意見に耳を傾けようとしないようになってしまったのでしょうか？」と問いかけた。

文科省前の抗議集会や「延期を求める会」に足を運んだ。その言葉が国会で高校生の声として伝えられた。見送りも決まった。（中略）

「No！と言いなよ！」

好きな欅坂の曲から、なんとなくメッセージを受け取っていた。「言葉にしたら国や政治は変わる。民主主義って、そういうものかな」。いまはそう思う。

　ここでのポイントは次のものです。これは、日本人に普通に見られる姿勢です。
「ふつう、話さないことになってるんです。学校や塾、部活で忙しくて余裕のない人ばかりだし。『決まってることなんだから、やめなよ』『言ってもむだだよ』という人もいる」
　生徒たちみんなが持っている、均一とされるこのような肌合い関係があるのです。そこにいる者たちみんなをつないでいる、このような思いは大切なものとされています。そのため、みんなが共通に分かり合える、この秩序を破るなんてことは考えられないのです。他のことに浮気をしないで、学業に専心することが何より安心なのです。記事の続きを見てみましょう。

　　おかしいと思ったら抗議しないと、権力者は「これが民意だ」と勝手に解釈する。物言わぬ国民は、「権力者にとっては最も好ましく、最も民主的ではないのです」。
　　五十嵐さんが考える民主主義は、政治に物申すことにはとどまらない。
　「民主主義とは、自分の運命は自分で決めるという運動だと思うのです。」
　　権力者にも、男子生徒がいう「年上の考え」にも、会社にも、運命を委ねない。自分で決められる人を育てるのが、五十嵐さんが描く主権者教育だ。
　　日本では、学校で現実の政治課題に踏み込むと批判や圧力にさらされやすく、主権者教育といっても投票の仕方や制度の話に終始しがちだ。だが自由に語りあうこと

もできないのでは「主権者」は育たないと考えている。
（「ルポ2020カナリアの歌5」朝日新聞　2020.1.5）

　上に示された箇所のポイントは、「日本では、学校で現実の政治課題に踏み込むと批判や圧力にさらされやすく」にあって、このような踏み込みは論外とされているのです。ここに踏み込むと、「高校生の『分』を知れ」という風になるのです。そのためか、ここに踏み込むことがないように、その手前にいろいろなハードルが設定されています。たとえば生徒たちには「制服があり、各種の校則」があって、それが逸脱を防いでいるのです。そのこともあって、実際このハードルを越えることは難しいわけです。そしてこのように習慣づけられて、生徒としての「均一性、純粋性」が保持され、それがしっかり定着している故に、彼らに「均一なテスト」を用意して、しかも、それを50万もの生徒たちに受けさせることが可能なのです。

　ここに示されていますが、ひょっとしたら、日本人の本来の生き方としては、この「人権思想や個」という類いとは合わない心情にいて満足し、それで終わるのかもしれないのです。それでも、そのことを見ないで、漢字としてちゃんとあるじゃないとされ、「人権思想や個」というものが定着していると理解しているようです。そのことを次に見てみましょう。

　・一面における「歴史的に保持されている分」と「近代的な人権」との二面——

　たとえばその家に５人いるとして、その家族の一員の「私」は、分数で説明すれば1/5ですが、この日本ではそのような数字の明確さではなく、情に根差した家族が分け合う「分」に当たるものが働いています。また、一人ひとりが情に根ざして生きているため、それぞれが担う「分」の量と質が時と場合によって融通無碍に増減上下することが暗に前提されています。つまり、「分」とは前提にその「分」を込みにし、他の「分」と混ぜて一色のもので、それらを引き離して「対立しあった個」にできないという、一つの家族が想定されているわけです。一人でも「分存在」です。

　それでもしかし、表向き、近代社会の発展に向けて責任ある大人だとされて、単に形式的にですが、その責任は重いはずのものとして、「一個の人権」を付与された形で活動することを求められてもいる存在です。
「歴史的に保持されている分」と「近代的な人権」とは矛盾し合う関係にありますが、それでも、この矛盾が同じ身体に付与されているわけです。

　・そしてもう一つの面での「一つになる」と「one team」との二面——
　one team とは、単数性としてある一人ひとりがどの時も区別され、働き、それが力を合わせて、一定の結果を出し得る力を発揮するところに生まれるものです。一人という単数性が崩れることはないのです。

「私」についていえば、内実としては、家族の内の、一部

に相当する分を担っているものとして住み、食しているものです。一部に相当するというのは、均一な情につながりつつ、時に、それ以下やそれ以上に相当する働きをすることを期待される存在のことです。日本人は、私のことを「自分」と言います。そして、向かい合う相手にも「自分はどうなの？」と話しかけ理解しあえもします。一人称や二人称と見える者にも「自分」と言います。このことからも、それぞれ性格が大きく違っていても、自他一如のあり様としてあることが分かります。

　つまり、この1/5と数字で示されていても、この関係での人同士は、互いに「内向きの連続的な関係」としてあって、分同士の境界がはっきりせず、溶け合うことで安心する関係のものとして区別されていないということです。つまり、家族や友人や知人関係がぼかされていて、入り混じっている関係が特徴としてあるわけです。これは互いの息遣いが融通無碍に行き来し、互いの感情を分け合い、ともにして理解し生きることができる関係を言います。

　以上のことから見て、英語と日本語の間には、どうしようもない食い違いがあるのです。英語を話す人と日本語を話す人とが味方であっても、この種の食い違いは小さくはありません。

　しかしもし敵同士であれば、この食い違いは物凄いものになるでしょう。そこに憎しみしかなければ、どうなるでしょうか。この食い違いを底なしの真っ暗な溝と表現することもできます。

２．音読に求められる視座

ハリルホジッチの代表監督解任劇が引き起こした波紋から音読の視座を考えてみましょう

　視座とは、どこに立って音読するかという立ち位置のことです。

　このことに関しては、日本サッカー協会による「ハリルホジッチ代表監督解任劇が示唆する出来事」をどのように理解したらいいかを例にとって、音読に求められる視座はどこにあるべきか検討しましょう。

　一口でいえば、サッカーだけでなく、音読においても「you vs. I」という関係を意識化するプロセスでなされるものであるため、視座の位置がどこにあるか問われるのです。これは、対立するにしろ、親しいにしろ、連続しあう「あなたとわたし」という曖昧さを清算するところでということです。さらに言えば、この「you vs. I」という関係は、「you vs. I vs. it」における「it の出来事」を受けて、どのようにあるかが問われるものです。

　サッカーにおいても、関係者はこの意識化に則して動くことが基本です。そこに２人のサッカー・プレイヤーがいるとすれば、その２人は、「目の前にいる you vs. I」という関係にあります。つまり、「目の前にいる you」が「ボールを送り受ける相手や監督 you」であるとすれば、「I」は「選手その人 I」となります。「ボールを送り受ける相手や監督 you」と「選手その人 I」が「you vs. I」のプロセスにあるのです。ということはすなわち、英語に生まれ

英語をしゃべって生活しているサッカー・プレイヤーであれば、このことを意識して動くということです。

その理由は、英語に生まれたどのプレイヤーも、意識するしないにかかわらず、「you vs. I vs. it/he/she」という既成の三角形が持つ在り方に左右されて動くとともに、直接サッカーのルールに左右されなければならないことを意識して、そのゲームのピッチに立っているからです。

それでは、この「you vs. I vs. it/he/she」という既成の三角形とは何かです。それぞれの国には、その国のサッカーが歴史的に歩んできたサッカーに関するノウハウの蓄積がありますが、そんな蓄積がプレイヤーや監督各々の仕方で理解されて保持されているわけです。そして、この既成の三角形の it に、その理解の仕方がどのようなものかを限定づけている原形が刻印され蓄積されていると見なすことができるのです。

ピッチでは、この原形を背負った、プレイヤーの機敏な動き方が求められます。つまり、英語に生まれたサッカー・プレイヤーは「you vs. I」の意識化を当然のこととし、その基に動いています。その上に、欧米のそれぞれのサッカー・チームは、サッカーの技能の向上をサッカー・ルールに則して鍛えているのです。

以上のことを簡単に言えば以下のようになります。つまり、サッカー・ルールを支えるものとして、彼らは次のことに従っているのです。プレイヤー各々は、ルールとしてのサッカーを、それぞれの「you vs. I vs. it」における「it の出来事」として蓄えてきているということです。それは、過去から受け継いだすべてが、「it の出来事」に収斂して

人々の内に存在しているからです。

　でも、日本人選手は、ハリルホジッチの期待に従って、彼が当然とする意識化の在り方へと入って来ることはなかったのだろうと推測されます。ハリルは、彼の国やその周辺の国々が貯えた「it の出来事」を受け、それを肯定してか、もしくは批判的に修正して、彼のサッカーというものを認識し、指導していたと思われます。欧米サッカーの大前提には、これがしっかりあると考えられます。少なくとも、その意味において、「it の出来事」に支えられた「you vs. I」の関係を意識するプロセスにサッカーや音読の視座が置かれているのです。

　これに対して、彼が当然とする意識化の在り方へと、日本人選手が入って来なかったことが、監督を孤立させていったのだろうと思われます。そのことが直接の原因かどうか確かなことは不明です。しかし、代表選手たちの何人かと監督との間の意思疎通はあやふやだったようです。そのことに不安を憶えて、日本サッカー協会は、ハリルホジッチが予想もしなかった、ある理由でもって、日本代表監督を解任したのです。ここではその経緯を簡単に見てみたいと思います。

　どうも日本人には、なぜハリルホジッチが怒ったか、その真相が不明のようです。しかし、彼が抱いた怒りを受け止めることなく、素通りしていくとしたら、日本人はハリルホジッチという人間のみならず、外国式のサッカーはどのようなものかを理解する機会を失うことになると恐れま

す。

「スポーツ報知」は、その解任劇をつぎのように伝えています。

　　　日本代表監督を電撃解任されたバヒド・ハリルホジッチ氏（65）が2018年４月27日に日本記者クラブで会見を行った。日本サッカー協会から選手とのコミュニケーション不足、信頼関係が薄らいだと解任されたが、大きな問題はなかったと反論。「問題があると一度として言ってくれなかった」と、６月14日開幕のロシアＷ杯２か月前まで問題提起のなかった協会側を批判した。ただ解任は受け入れており、最後は日本代表にエールを送った。

　　解任前の動き
　　４月７日　パリ市内のホテルで日本サッカー協会の田嶋幸三会長が選手とのコミュニケーション、信頼関係が薄れてきたなどの理由でハリル監督に解任を伝える。
　　９日　田嶋会長が帰国し解任を発表。
　　10日　ハリル氏がフランス・リール市内の自宅で取材に応じ「何が起きたか分からない」「ウソ」「でっち上げだ」と怒りをあらわにする。

　　会見
　　27日　いつものようにまくし立てることはなかった。ハリル氏は予定された１時間を超える約１時間30分、332人の報道陣を前に、９日の会見で日本協会の田嶋幸三会長（60）が述べた選手とのコミュニケーション不足という解任理由へ疑問を呈した。
　　「最悪の悪夢」は７日、パリ市内のホテルで起きた。田

嶋会長から「３月のベルギー遠征後から選手との信頼関係が薄らいだ」と解任を通達された。「冗談だと思った。そこにリスペクトはなかった。どの選手かと聞いたら会長は『全般的に』と」。事実を受け入れられず約５分で話し合いを切り上げ、欧州組視察中のフランス人スタッフに「もう家に帰れ。終わったよ」と電話するしかなかった。解任騒動で体重は５キロ減ったという。信頼関係の崩壊は否定した。「就任した３年前から何も問題はなかった。２月には長谷部、川島、吉田、長友とも会った。なぜ１か月後に」。Ｗ杯へのテストと捉えていた３月のマリ戦、ウクライナ戦は１分け１敗と低調な内容だった。「リザルトでなら分かる」と試合結果での解任なら納得できると語った。（スポーツ報知１面、2018.4.28）

　これに対して「天声人語」（朝日新聞、2018.4.28）は以下のように述べています。

　怒髪天をつく、とはこのことか。サッカー日本代表の監督から降ろされたハリルホジッチ氏（65）がきのう、会見を開いた。元の雇い主への失望を繰り返し口にした。▼ハリル氏を憤らせたのは「選手やコーチとの信頼関係が薄れた」という解任理由らしい。指導者人生で「信頼関係」ゆえに外されたことはないという。「（敗戦の）結果を突きつけられたのなら理解できるが」と不満げだった▼畑違いではあるが、ヘッドハンティングの世界に20年余り身を置く武元康明さん（49）はこう分析する。「海外の強豪を率いた彼にとって、評価は心技体で言えば技

がすべて。予選を突破して技を示したのに、『信頼』という心の面で退かされた。納得いかないのでは」▼武元さんは仕事柄、日本と欧米の企業の視点の違いを感じてきた。欧米が重視するのは実績や技能など「技」の面。日本企業は社風に合うかなど「心」の面にも目をこらす▼当節、外国出身のトップは少しも珍しくない。日本型組織になじめず力を発揮できなかったCEOもいれば、みるみる業績を回復させた人もいる。ラグビー日本代表を率いたジョーンズ氏などは去ってなお広く慕われる。▼むろんハリル氏とて「技」ばかりの人では断じてない。2年前の熊本地震の直後、故国ボスニア・ヘルツェゴビナの戦乱と重ね合わせ、自ら望んで益城町などをめぐっている。「監督ではなくなったが約束通り熊本に行きたい」。会見でそう語る胸には「くまモン」のバッジがあった。

　このように指摘されているのです。一般に日本では、免許皆伝に見られるように、親方と弟子、師匠と弟子との間の一子相伝に類する伝統が見られます。これらには、柔剣道やモノづくりなどでも大切とされる「心技体」の面が必須とされています。これに対し、欧米で基本とされることは、武元康明氏の指摘するところにあって、そこに混乱の元があるわけです。

　武元氏に従って考えると、欧米で重視される点は以下にあるとされていることに問題があると思われます。すなわち、「彼にとって、評価は心技体で言えば技がすべて」「欧米が重視するのは実績や技能など「技」の面。これに対して、日本企業は社風に合うかなど「心」の面にも目をこらす」点にあるとされています。しかし、ここにこそ大きな

誤認が潜んでいます。

　つまり問題は、ハリルホジッチにとって心技体でいえば技がすべて、欧米が重視するのは技の面とされている、ということにあるのです。

　この発言こそ重大です。この発言にこそ疑問を持つべきです。「心技体でいえば技がすべて」という言い方は、あまりに短絡で、ハリルホジッチに対して失礼なことです。

　このことは、ハリル自身が「田嶋会長から『３月のベルギー遠征後から選手との信頼関係が薄らいだ』と解任を通達された。『冗談だと思った。そこにリスペクトはなかった』と主張していることからも理解することができます。

「心技体」のうちの「心」がないで処理されれば、彼の立場はなくなってしまうのです。この種の発言によって、英語が根ざす「人称・非人称の既成の三角形性」への入口がシャットアウトされてもいます。それは、その<u>入口をシャットアウトして当たり前とする訳読式英語を学んできたせい</u>なのです。つまり、この入口を閉じて英語の学習が成立するとする日本語発想があるのです。そこから抜け出せない日本式英語学習故の欠陥です。

　もしも世界中を見回して、世界には心技体のうちの心がないと考えられているならば、日本でいう「心と技」そして「心と体」の関係は、欧米で言う「心を理解しない内面と技」そして「心を理解しない内面と体」との関係にあたると見ていることになります。これではしかし、非常に危険です。

これに対して、「国家が描く『物語』その先は」（朝日新聞、2018.5.3）では、欧米の「内面と技と体」を普遍的な在り方をするものと見なし、日本でいう「心技体」を「日本らしさ」として、両者は同じとは示されてはいないようです。

　　国、国民、平等、平和……。71年前の５月３日に施行された日本国憲法に刻まれた言葉は変わっていない。だが、今の日本社会では「普遍的なもの」として共有されていないと感じる場面が目立つ。憲法が内包する価値が揺れているということなのか。記者たちが現場を歩いて考えた。（朝日新聞一面）

　「自由」などの普遍的な価値を押しつぶしたのが、天皇を究極の権威とする「国体」という名の明治政府による「物語」だった。神話に基づく天皇統治が、明治国家を正当化する原理とされた。
　「人民」「平等」の感覚が生まれ、自由民権運動や大正デモクラシーなど民主主義の経験につながる。しかし、1890年に発布された教育勅語が国家神道と一体化し、全体主義が浸透していく。神権的な国体論が幅を利かせ、戦争という破滅の道を突き進んでいった。
　日本は戦後、前文に「普遍的原理」を掲げる日本国憲法の下で、国家のかたちを整え直した。国家ではなく、「個人の尊重」（13条）を中核とし、再出発の道を選んだ。
　しかし独立間もないころから憲法改正を求める運動が続いてきた。「日本らしさ」「誇り」「固有の文化や歴史」を強調する考えに貫かれている。（中略）しかし、「普遍」

「人類」という言葉は消えていた。（朝日新聞二面「消えた『普遍』」）

　ここに述べられている点からいえば、スポーツにも「自由」などに類する普遍的な価値に基づく試合運びがあるはずです。

　このことによれば、スポーツをつくり上げることを含め、どのような分野においても、「日本らしさ」とは別に、「普遍」や「概念」という在り方が原則とされています。そのことに基づいて、欧米の選手同士はその同じ次元で、「itの出来事」を意識的にそして無意識的に確認しつつ、各種のスポーツやゲームを戦ってきているのです。ここでまた、人々はそれぞれの内面を開いて、互いに共生すると同時に、国家形成をして、戦争から離れていく牽引力になってゆくこともできるわけです。

　しかしそれにもかかわらず、「普遍」は決して良いことをもたらすだけのものではありません。場合によっては「普遍」や「概念」は悪魔的な在り方を呈し、人々をはなはだしく苦しめもするのです。ですから、普遍も概念も、いかにしてその在り方を良い方へと向けて、それでもって人々に奉仕させるかがテーマになるのです。

　そのためには、普遍を求めるにしても、人々は「資本の自由」「国家の自由」「権力の自由」から離れることです。ここから離れて「生命の自由」「個の対等の自由」「人間の自由」「民族を超えた共生の自由」へと進むべきです。それには「内に閉じこもる心技体」に固執するのではなく、英語に見られるような別な在り方をする「内面性、普遍

性」に気づき、それに目をやることです。

　それにしても基本的に忘れてならないことは、欧米出身のCEOでは、少なくともその在り方は、普遍的な在り方に根差したitを基本にした「you vs. I vs. it」の世界の住人です。このことをサッカーで考えてみましょう。

　つまり、問題は、日本サッカー協会が、協会とハリルホジッチとの間に、すなわち、日本人と外国人との間に、互いに超えることができない乖離があることを認めているかどうかです。それを認めることがないとすれば、日本人と外国人との間の深い溝に蓋をしていることであって、これからも何が起きても仕方がないことになるでしょう。

　となれば、外国人監督の起用において、以後は日本人が承認できないような、選手との対応の仕方、選手起用、試合運びなどは許されない可能性も出てきます。

　種目は違いますが、プロ野球を見てみましょう。横浜DeNA球団の監督にラミレスがいます。彼は長い間日本でプレーしたりして、日本人の試合運びになれ、なおかつラミレス自身の哲学に則した試合運びを習得したためでしょうか、彼のチームの成績は近年とても好ましいものになりました。

　ラミレスと比較して、いきなり監督になって短期間のうちに、常勝を義務づけられたハリルホジッチです。そんな彼に日本人好みの選手起用などを求めることは土台無理なのです。試合に勝つことを求められれば必然的に、諸外国での彼自身の体験が彼をつくっているわけですから、日本人に対しても、彼が養ってきた勘に基づいてもろに選手と

の対応や選手起用がなされるのは当たり前です。

　たぶん、日本人選手の何人かとの対応や選手起用の仕方が気にくわないと判断されて、ハリルは解任されたのでしょう。しかし、日本人選手から見て、彼のやり方が気にくわなくても、彼は彼なりの試合哲学に基づいた試合運びをしているわけですから、解任されるにしても、彼のやり方に対する疑問を明確に説明してでなければ、彼が怒るのはもっともです。

　どうも、日本サッカー協会はそのような手続きを省いたようです。これはまさに、ハリルホジッチへのリスペクトを欠くことです。サッカー協会は、ハリルホジッチが指揮する代表戦の試合運びとそれに関わった選手たちの不満ばかりを見て、ハリルホジッチの試合哲学と彼が生きてきた人生の在り方を見ないで、判断したと思われるからです。

　もしそのようであるとすれば、将来的には第二、第三の外国人監督の解任劇が生まれることになります。かくして、以降日本人の多くは、ハリルホジッチの試合哲学だけでなく、彼が生きてきた人生の在り方が持つ意味を素通りするのです。

　言い換えれば、日本人が外国人プレイヤーを自チームに入れサッカー代表戦に出場し、地球の他の諸地域の人たちと同質の戦いをして、勝利することは難しくなると思われます。この見方と似ているか違っているか分かりませんが、松岡正剛（「耕論　戦いのあとで」朝日新聞、2018.7.19）は、「日本のサッカー言語化を」と題して、以下のように警告しています。

2030年までにワールドカップ（W杯）でベスト４に入り、50年までに優勝する——。日本サッカー協会がそんな目標を掲げていると聞いたときは、ちょっと意外な感じがしました。

　全体として日本は今、長期目標というものを失っているからです。（中略）

　ただ、協会の掲げる成功物語が今回のW杯でも人々の心を捉えていたかというと、疑問です。「坂の上の雲」的な国家単位での高揚感は薄かったと感じました。盛り上がりは散発的で小規模。個人に着目した「大迫ハンパない」といった表現で人々は楽しもうとしていた。日本サッカーで盛り上がろうにも肝心の「日本サッカーとは何か」のイメージが共有されていない。そんなふうにも見えました。

　大迫がどう「ハンパない」のか、その内実を言語化する作業をもう一歩進めるべきだと、私は思います。（中略）

　欧州の誰と比べて、どう優れていたのか。組織的な守備への彼の献身は、攻撃の鋭さとどう関係していたのか。「個人力か組織力か」ではなく、両者がどう組み合わされているかを問う視点です。

　世界に向けて説明できる言葉を今からでも真剣に探し始めるべきでしょう。

　松岡の最後の行に「世界に向けて説明できる言葉を今からでも真剣に探し始めるべきでしょう」とあります。
「世界に向けて説明できる言葉」と言えば、日本人は嫌でもハリルを素通りすることができないわけです。ハリルをリスペクトして、彼に対してそのやり方にノーと言うなら

ば、そのどこがおかしいかについて、サッカー協会はその理由を説明することに迫られるのです。

　ハリルを素通りして行けば、「欧米サッカーとは何か」というような、積極的な意味を見つけることができないということです。さらにこれからも、日本人とハリルホジッチとの間には、読み切れない深い乖離が存在することに気づかないままに、ハリルを尊敬する外国の諸チームとただ勝利のために戦い続けることになるのです。

　ハリルを本当の意味でリスペクトすることができるように成長しなければ、外国人プレイヤー全体のやり方をリスペクトし、そのやり方とは何かを学ぶことは不可能です。彼らから学ぶことで初めて、日本サッカーにも新しい地平が開けてくるのです。

　ここで、日本人選手全体に見られる性格を見てみましょう。多くの競技で彼らはよく円陣を組みます。そのことは、ワンゲームを一つとすれば、そこにいる者たちそれぞれに課せられた分を終わりまで気を抜かず、まとまりへと隙間なくつなぎ合わせるため、それぞれの分が求められる形へと溶け合い、呼吸を合わせそれぞれの分が勝手に、ちぐはぐに動かないようにするためです。気から気です。ゆるんだ気から、ワンゲームを見通せる充実した気へです。気が散らず、一つに合わせるのです。そのように気を合わせる際は、気を合わせるための一言が必要なだけです。その時その時の分を生かせる気が大切です。

　少なくとも日本人では、いかなる言語的な支配からも自由にならないと、この気の自由は得られないのです。力が

入らないわけです。ですから、サッカーにおいても気がしまったフォーメーションがないと、日本人は動けないのです。

しかし、非言語的な産物の気がどのように働いて、どのように自分の分をつかみ、それをどのように果たそうとしているのか外国人監督には分かりません。

反対に、日本人選手としても、普遍的なシステムとフォーメーションづくりから遠いために、実の伴った模倣という意味のフォーメーションづくりも難しいのです。つまり、模倣としてのフォーメーションでもいいとして、そこへ入ろうとすれば、気の働きを抑制しないとダメです。さらには、日本人が11人も集まると、一層まとまるための気が大切になるわけで、それを抜きにしてフォーメーションを組むことが難しいのです。

以上の検討から言えることは、日本人のサッカー・プレイヤーは、欧米のプレイヤーが住んでいる「普遍的な世界」を直観して、その既成の習慣的な在り方に則し、感覚や心情へと逸脱しないで、行動することができるかどうかが問われるということです。

さらに言うと、日本人プレイヤーは、ルールと規律としてのサッカーを、それぞれの「you vs. I vs. it」における「it の出来事」（歴史的にサッカーが歩んできた、いろんな理念や指導方針の対立関係の積み上げ）の中に置いてつかむことができるかどうかです。

ここで「you vs. I vs. it」における「it の出来事」がど

のようなものかについて、分かりやすく理解するために、図に表してみましょう。この図は既成の三角形として以下のように示すことができます。

　次の図は①**人称の三角形 vs. 非人称の it** として、両者の間に違いがあることを示しています。後者を X と名づけ、**非人称の it の役割は何かと問うています**。英語ではほとんど、この非人称の it に、実際には不確実であるにかかわらず、種々の出来事が、正当で、確実な顔をした既成の概念性として、備蓄され働き、この既成の概念が人々を圧倒的に支配しているのが現実です。しかし、この非人称の it を X としたのは、そこに革新的、もしくはラディカルな在り方が蓄積され、世界を変えることもあり、その意味でも X としているわけです。

　三人称性原則の三角形

　　① 人称の三角形 vs. 非人称の it

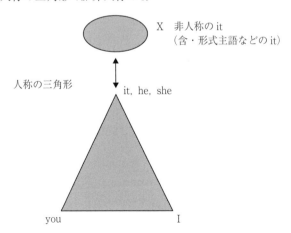

実際的には、①が転換され、その後に示す**②運営・管理の三角形**とされて各種の運営主体となって働いています。

　この図には、普通の it、天候・時間・距離の it、状況の it、形式主語の it、形式目的語の it、などが入ります。本稿では、普通の it を除き、<u>その他の it について、まとめて「非人称の it」と扱っています。</u>

　たとえばですが、次の英文はどうでしょうか。

I felt <u>it</u> my duty to commit myself to working for peace.

　ここでは、下線を付した it について考えてみましょう。その中身は to commit myself to working for peace を示すとされるものです。

　理論的、文法的角度から見ると、英語では、「二人称 vs. 一人称 vs. 三人称」の関係が、英語が持つ構造全体に内在して働き、そのようにして英文構造を支えています。単数の人称・非人称代名詞であれば、you と I、そして he と she と it という三角関係に基づいて英文を構成するのが基本です。

　そして、it の種類には、the desk を it で受け、the house を it で受けるなどの働きをする、いわゆる普通のものがあります。しかし大筋でいえば、**①非人称の it** はそれ以外の使われ方をしています。

　一般的には、普通の it に、この**①非人称の it** を含めて三人称とし、二人称の you と、一人称 I を入れ、三角関係を構成し、英文を支えているのです。この関係が基本とされているのは、この三角関係によってつくられる既定の客

観性が閉鎖的に組み立てられることで、二人称や一人称の在り方をそのうちに取り込むことが容易だからです。

it については、次の例文（江川泰一郎『英文法解説』(pp.46-54)）が考えられます。

1）First it thundered, and then it started to rain.

2）It's time to knock off for tea.

3）It took ten minutes for him to solve the problem.

4）It's a miracle he wasn't killed in the plane crash.

5）I felt it my duty to commit myself to working for peace.

6）I thought it strange the petition had been turned down.

上の下線を付した it です。一般的に各々の it には、明確には分からないにしても、ある一定の考え方が表されています。

たとえば5）では、to commit myself to working for peace と示されています。字義的な中身は述べられている通りですが、しかし、その中身としては、一つは、平和運動に入ることを意味していることもあり、他は、権力者の言を受けて、戦役に加わることを示したり、さらに軍備増強を主張することも入っていることもあるのです。

この種の it には、その他の各種の既定のテーマが蓄積されます。監督や画家などの頭脳の内に確信された一定の考え方が、外へと具体的な指示として示され、そしてそのようにスポーツなどもなされ、また、ある技法に従って絵

画が描かれます。つまり、一定の形式を持っていて、把握しやすいとされる既定のアイデアが、このitに蓄えられるのです。

to commit myself to playing soccer

to commit myself to playing violin

to commit myself to painting pictures

このように、<u>英文としても機能する</u>のですが、それが具体的な指導方針としても結実し、サッカーや音楽や絵画などというように、それぞれに「普遍的とされる中身」を持つことで、<u>各々既定の確立された世界を持つようにもなる</u>のです。それがサッカーであれば、より高度な技術を見せるゲームへと一定のルールを練りあげ、過去の戦術を克服し、近代的な戦略を持ったものへと<u>成長するというように</u>、維持されています。その確立された世界については、サッカーや音楽を想定することもできますが、各々の組織や国家や教団キリスト教をも想定できるのです。

そしてこの図が暗示していることは、その既定の形で形成され確立した考え方がXに蓄積され、たとえば国家形成においては、それが絶対化されることも多々あるということです。時に「徹底的に硬直した概念主義としての普遍的な中身」を具備し、その形式の内にいくつかの国家主義に見るように、人間を閉じ込め離さないものとなり、時に狂暴化さえもするのです。そうなればしかし、人間の自主性に対しては楽観論を示すものではなく、悲観論を示すものとしてあるわけです。

一般的には「you vs. I vs. it or X」をテコにするか、骨

格にする仕方で、いろいろな英文がつくり上げられている
のです。

　問題は、その内側を支配し、他を寄せつけない傾向を持
つ三角形「you vs. I vs. it」ですが、それが終始保守的に
働いて終わるかどうかです。たとえば、それが音楽であれ
ば、そこで維持される「既定の it の出来事」が保守的に
働けば、その保守性がその時代を支配しますが、「it の出
来事」の在り方が飽きられ、見直され、そのことで既定性
を抜け出すことができれば、新しいあり方をする作品が可
能になります。

　しかし、この it に蓄積されてきた多くが保守的に働い
ても、その反対に、この it に新しいものが集約され、た
くさんの人々に支持されれば、保守性に対抗するまでに力
を発揮する性格をも持っているのです。

　② 運営・管理の三角形

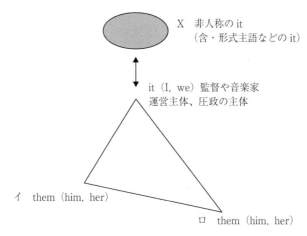

　　　　　　　　　　　Ｘ　非人称の it
　　　　　　　　　　　　（含・形式主語などの it）

　　　　　　it（I, we）監督や音楽家
　　　　　　運営主体、圧政の主体

イ　them（him, her）

　　　　　　　　　　　　　　ロ　them（him, her）

次の、②の三角形は、①を運営・管理という観点から見直したものです。

　日常的には、この非人称の it を持つ三人称性に基づいた三角形はきわめて大きな働きをしています。人々の関係は、それに値する技能や能力を持つことで、図のように配置されます。非人称の it にイデアや真理や普遍性や universality が蓄積されると考えられるからです。ハリルの非凡な才能もこの it に蓄えられ、プレイヤーそれぞれにハリルの言語が伝えられ、それに則して各プレイヤーは己を磨くわけです。ここでは能力に限定していえば、イとロの関係は水平線でなく、斜線で繋げられているのは、ロよりイが、ハリルが言うことを理解し、技能的に洗練できることが示されています。

　角度を変えることで、①が転換されて、②**運営・管理の三角形**として働くわけです。ここで一つの国家を想定してみましょう。そこで、人々としては個が保障されているとしても、その国家の<u>運営主体の権限として、その it が市民 them に約束している法律的な手続き</u>を示すものとしてありますが、それに関して、納得できるものを肯定し、できないものを否とする仕方で、人々はその中身をその都度確かめることを求められます。それでも、人々の多くは権力により信頼を置いて保守的です。人々の求める原則が安定であれば、国家が保障する施策をよしとして受け入れ生活しています。教団の牧会理念も時にそれ以上にハードルが高く頑なに機能しますが、信者を救う「救い」に関わる理念とされているため多くはそれでよしとされています。

　以下は、「you vs. I vs. it」における「既定の it の出来
事」の例です――

・サッカーの場合――「ある既定の it の出来事」として
の三人称世界です。この「it の出来事」へと帰着すべく、
一定の時間、場面に固定され、さらに一定のルールに従っ
て行われる舞台です。これは、勝つためには、どのように
11人を集約してゴールへとボールを運べるかと、過去のパ
ターンを頭に描きつつ、監督の戦略こそが問われています。
そのために11人のプレイヤーは、監督がその言語によって
提示する指導方針に忠実にボールを蹴ってゲームをつくる
プレーがを求められます。そのことで、その都度各々の位
置の「二人称 vs. 一人称 vs. 三人称」（近くや遠くにいて
見る人たち、サポーター、ファン）に分けられた多くの人
たちを動かし、ゴールするものがサッカーです。

　言い換えると、三人称にいるであろう、たくさんの監督
たちの技法に対決し、二人称の師匠に当たる監督の技法に
磨かれ、一人称の監督は孤独の内に、想像力を限りなく働
かせその技法や戦略を身につけ、それを言語的にプレイヤ
ーに確実に伝えるわけです。

・絵画の場合――「ある既定の it の出来事」としての三
人称世界です。一定のデザインをつくり上げられるかどう
かを模索しつつ、この「it の出来事」へと帰着すべく、キ
ャンバスに相当する一定の場面に固定され、さらに、一定
の技法に則し創作された位相です。そこにおいて、ある一
人称がその想像性を膨らませ絵具を使い生み出す作品です。

その作品は各々の位置にいる「二人称 vs. 一人称 vs. 三人称」（師匠やライバルや見る人たちや見知らぬ鑑賞者）に分けられて存在する多くの人たちを動かすのですが、長い時間の中で称賛されたり、批判されたりして定着するものが、ミレーらが描いた絵画です。

　一人称の位置に当たる絵描きは、三人称にいる他の絵描きたちに背を向け、二人称の師匠からの刺激を受け、孤独の中でその想像力をキャンバスに定着させるのです。

・作曲の場合──「ある既定の it の出来事」としての三人称世界です。頭脳に浮かんだ音のイメージ化へとつくり上げるべく、この「it の出来事」へと帰着すべく、一定の時間に限定され、一定の技法に則して生み出される位相です。そこにおいて、ある一人称がその想像性に基づいて音符を走らせ、楽譜を生み出すことで、各々の位置にいる「二人称 vs. 一人称 vs. 三人称」（師匠やライバルやその曲を捧げるパトロン）を動かし、構成するものがクラシック音楽の作曲です。

・演奏の場合──「既定の it の出来事」としての三人称世界です。楽譜に示されたこの「it の出来事」へと帰着すべく、一定の時間に限定され、一定の技法に則して再生される位相です。それに忠実であるために、各パートの「二人称 vs. 一人称 vs. 三人称」（指揮者やコンサートマスターや演奏者）に求められることは、彼らが与えられた楽譜に基づき、忠実に、そして正確に楽器を使って、「二人称 vs. 一人称 vs. 三人称」（聴く人たち、ファン）を動かし、つくり上げるものがモーツアルトなどのクラシック音楽です。

　上の三つでは、「it の出来事」としての三人称性に基づく世界が主役とされているため、基本的に保守的な在り方をしています。これに対して、「it の出来事」の三人称性に基づく世界が主役として働く側面を奪って、創作し直されるものがジャズとされるものです。その点で革新性に基づいたものです。

　そして、質的にこれと同様のことが、英語の学習者にも言えます。
　それで、学習者各々は「二人称 vs. 一人称 vs. 三人称」という閉鎖した三人称性に基づく関係を含む、英文が持つ「剛構造性」が強いる視座について、推測しつつ意識して学ぶことが求められています。
　さらに学習者について言えば、自身には生きる上での何らかの価値観を持っているのかどうかです。そのようなものがないとなれば、自身の価値観をどのようにつくり上げたらいいかを意識することです。そのように意識しながら、音読します。そのことで得られるものは大です。概念的な在り方とは何かと推測しながら音読するわけです。このことを意識する、しないの差は大きいのです。

3．音読の試みで他に求められること

　英語の音読には、また主に五つのポイントが求められます。「はじめに」で述べた「眼目」と重なる点もありますが、その各々について注意し音読する方がいいと思われま

す。可能な限り、以下の五点に気を配りながら音読したいものです。

　一つ目は、音読する人の立ち位置の確認です。「二人称 vs. 一人称 vs. 三人称」の三つの区別ができるように意識することです。すなわち音読しつつ、学習者自身が向かう sentence や paragraph や essay において、どの位置にいるか直観的に把握できるようにすることです。そしてまた、対象の語や語句が、一人称としてのものか、二人称としてものか、それとも、三人称としてのものかです。

　二つ目は、そのパラグラフに「you vs. I」がどのように配置されているかです。その関係は対等と思えるか、それとも、先輩と後輩、年長と若輩、上司と部下、姑と嫁というように、ある序列に即して配置されているか、それとも、その関係は分からないかです。

　三つ目は、まずは英文では「SV」が規定力、もしくは、起動力を持っていることを意識することです。つまり、この「(S) V」（主語が省略されることがよくあるため、カッコを付けています）とそれに続く概念で構成された構造文が、肯定で示されているか、否定で示されているかを意識し、肯定力・否定力の威力に慣れることです。
　この「(S) V」に則し、それと同時に肯定・否定を示すことを強いられるのが英文です。すなわち、これは英文には「判断装置」が植え付けられていることを意味しています。このことが英文に起爆力があるということを示すもの

です。英文においてこれが大切なのは、日本文には「同色装置」がはめ込まれていて、人間のあり方に関わるどんな判断も「同色性」へと変質するため、「判断装置」がないか、低下し、他に追随して当たり前とされているからです。

　四つ目は、身振り手振りを使っていいが、英文という構造ルートを通してのみ、つまり、その英文というルートから降りないで、意図を伝えようとすることです。そして、自己を発信し、相手を見つけることです。

　五つ目は、学習者自身が寄って立ちたい価値観を設定することです。その価値観を何にするかは自由です。それらには、「競争」「協調」「自由」「平和」「対等」「主張と寛容」などがあります。

4．*ALICE'S ADVENTURES IN WONDERLAND* を音読する

READING ALOUD
Chapter Ⅰ．(pp.12-33)
DOWN THE RABBIT-HOLE.　第1章　ウサギの巣穴に飛び込んで

原文①

　ALICE was beginning to get tired of sitting by her sister on the bank, and of having nothing to do: once or twice she had peeped into the book her sister was reading, but it had no pictures or conversations in it, "and what is the use of a book," thought Alice, "without pictures or conversations?"

解説

　この英文の６行では、誰かの意図で進められる三人称の世界が描かれています。これらの文は、その誰かから見て、アリスが三人称として扱われて、展開しているようです。

　西欧的にはまた、人々は、いつの間にか、既成の固定観念に縛られ、そこから出られないで、単調な生活をしている人々が多いのです。

　そのため、思いがけずに引き込まれた楽しさがあれば、それが彼らを蘇らせます。その楽しさには、固定観念を打ち破るような愉快な感じがともなっているからです。一時的にでも、固定観念から離れることができれば、それは楽しいことです。

　当時のイギリスではまた、大きく上流階級、中流階級、労働者階級に分けられ、それらの階級が人々を厳しく分断していました。そのため、多くの人々は、他の階級の人たちのことは顧みないで、ありついた仕事をただこなすように強いられもしたわけです。そのような観点の下の労働という次元があったのです。

　それら階級的な観点は古く固定的でも、または固定的であるが故に、それは守るべきものとして意識され、その故に時にそれでいいのかと問われてもいました。

　アリスから見れば、絵も会話もない本はつまらないものでした。

そんな世界にはうんざりしていて、下のように言うのです。

"and what is the use of a book," thought Alice, "without pictures or conversations?"

アリスの物語においてはしかし、<u>単調さという観点から、思いがけなさが見せる観点へという転換を意識する</u>ことがポイントです。その楽しさの観点は次のパラグラフに突然現れます。

つまり原文は日本語の訳に変色され、原文本来の姿が見えなくされているため、三人称性での単調さから楽しさを描き、場面に張りついて、そこでの起伏にともなう感情の変化を客観的に示すものではなくなっているのです。

また、ALICE も her sister も、三人称であることを意識しつつ音読してみましょう。

原文②

So she was considering, in her own mind (as well as she could, for the hot day made her feel very sleepy and stupid), whether the pleasure of making a daisy-chain would be worth the trouble of getting up and picking the daisies, when suddenly a White Rabbit with pink eyes ran close by her.

解説

このパラグラフでも、誰か分からないその人の意図の下で三人称世界が進められています。そこに、思いがけず、アリスの気持ちを刺激するウサギが近くを走りすぎていく

のです。

... when suddenly a White Rabbit with pink eyes ran close by her.

　ここからは、このウサギが導く楽しさの観点を求めて、その観点の次元に展開する様子に注意し、口を大きく開いて、音読していきましょう。

　ここでも、she も a White Rabbit with pink eyes も、三人称です。この三人称に対する、一人称は何なのでしょうか。この不明感が訳では見えにくいようです。（なお、ここで言う訳とは、前掲、安井泉の『対訳・注解　不思議の国のアリス』を指します。これは最も定評のある訳本として参照させていただきました。それぞれの訳文を掲出することはできませんが、英語と日本語の対比、関係性を考えるとき大変参考となります）

　原文③

　There was nothing so very remarkable in that; nor did Alice think it so very much out of the way to hear the rabbit say to itself "Oh dear! Oh dear! I shall be too late!" (when she thought it over afterwards, it occurred to her that she ought to have wondered at this, but at that time it all seemed quite natural); but, when the Rabbit actually took a watch out of its waistcoat-pocket, and looked at it, and then hurried on, Alice started to her feet, for it flashed across her mind that she had never before seen a rabbit with either a waistcoat-pocket, or a watch to take out of it, and burning with curiosity, she ran across the

field after it, and was just in time to see it pop down a
large rabbit-hole under the hedge.

解説

そのウサギが思いがけず次のようにしゃべります。"Oh
dear! Oh dear! I shall be too late!"

この I は、一人称ですが、三人称次元のものです。その
関係を意識したいものです。

she ran across the field after it, and was just in time to
see it pop down a large rabbit-hole under the hedge.

she ran が主語と動詞です。この三人称表現の英文で慌
てた様子が客観的な形で分かります。この思いがけなさが、
単調さを突き破るアリス物語のスタートです。

原文④⑤

In another moment down went Alice after it, never once
considering how in the world she was to get out again.
④

The rabbit-hole went straight on like a tunnel for some
way, and then dipped suddenly down, so suddenly that
Alice had not a moment to think about stopping herself
before she found herself falling down what seemed to be
a very deep well. ⑤

解説

went Alice after it とある通り、三人称のアリスと、ウ
サギの関係は、三人称世界の主格とそれに対応する三人称
です。安井訳ではこの関係が不明です。

そして、その誰かがですが、アリスがどうなるか分からないのに、そのウサギを追っかけさせています。ウサギ穴があって、あっと言う間に、アリスはその穴に入っていくわけです。ここでは客観性が示されています。でもこの訳では、ある状況の説明にしかなっていないようです。

原文⑥

Either the well was very deep, or she fell very slowly, for she had plenty of time as she went down to look about her, and to wonder what was going to happen next. First, she tried to look down and make out what was coming to, but it was too dark to see anything: then she looked at the sides of the well, and noticed that they were filled with cupboards and book-shelves: here and there she saw maps and pictures hung upon pegs. She took down a jar from one of the shelves as she passed: it was labeled "ORANGE MARMALADE,"but to her great disappointment it was empty: she did not like to drop the jar, for fear of killing somebody underneath, so managed to put it into one of the cupboards as she fell past it.

解説

　訳では、ある状況の説明とされ、アリスが置かれたところが三人称世界であることが不明です。彼女はゆっくり降りていきます。その間、中は暗いのですが、好奇心で一杯で周りを見て、何があるのか少しずつ気づいていきます。周りにはいろんなものがあることが分かるのです。次の英文からもアリスの思慮の深さが分かります。それぞれの it

は何なのか、確認しつつ音読してみましょう。

to her great disappointment <u>it</u> was empty: she did not
like to drop the jar, for fear of killing somebody
underneath, so managed to put <u>it</u> into one of the
cupboards as she fell past <u>it</u>.

原文⑦

"Well!"thought Alice to herself. "After such a fall as this,
I shall think nothing of tumbling down-stairs! How brave
they'll all think me at home! Why, I wouldn't say
anything about it, even if I fell off the top of the house!"
(Which was very likely true.)

解説

訳では、一定の状況の中でのやり取りにされ、そのため、
三人称性世界の出来事であることが消されています。穴を
深く落ちていきながらも、アリスは自分を取り戻して、
they のことを思い出し、彼らが自分のことを勇気あるこ
とが分かってびっくりするだろうと思うのです。Alice は
三人称としてありますが、そのアリスが I と主語として表
現されていることに注意する必要があります。また、
Alice と they の関係はどのようなものか確認しつつ音読
してみましょう。

原文⑧

Down, down, down. Would the fall never come to an end?
"I wonder how many miles I've fallen by this time?"she

said aloud. "I must be getting somewhere near the center of the earth. Let me see: that would be four thousand miles down, I think — " (for, you see, Alice had learnt several things of this sort in her lessons in the school-room, and though this was not a very good opportunity for showing off her knowledge, as there was no one to listen to her, still it was good practice to say it over)" — yes, that's about the right distance — but then I wonder what Latitude or Longitude I've got to?" (Alice had not the slight idea what Latitude was, or Longitude either, but she thought they were nice grand words to say.)

解説

　どんどん分からないほど、地球の真ん中に到達しそうなほどに、落ちていく、そんなシーンが出てきます。

　アリスはそれでも冷静で、普通には思いもしない想像をします。

"I wonder how many miles I've fallen by this time?" she said aloud.

　この英文での、I と she です。この関係をどのように見たらいいのでしょうか。これは、客観的に配置された she 次元の I のことで、このことを意識し、音読することです。訳では、この相違がはっきりされていないのですが、それは日本語故です。

　原文⑨

Presently she began again. "I wonder if I shall fall right through the earth! How funny it'll seem to come out among the people that walk with their heads downwards! The antipathies', I think – " (she was rather glad there was no one listening, this time, as it didn't sound at all the right word)" – but I shall have to ask them what the name of the country is, you know. Please, Ma'am, is this New Zealand? Or Australia?" (and she tried to curtsey as she spoke – fancy, curtseying as you're falling through the air! Do you think you could manage it?) "And what an ignorant little girl she'll think me for asking! No, it'll never do to ask: perhaps I shall see it written up somewhere."

解説

　次の２行の英文における、Ｉと them と you との関係をどのように見たらいいのでしょうか。

　but I shall have to ask them what the name of the country is, you know.

　Do you think you could manage it?

　Ｉは誰でしょうか。そして、you とはどのような人でしょうか。

　また、them は誰のことでしょうか、それらを確認しつつ音読してみましょう。そして、次の２行の英文ではどうでしょうか。下線をした she や it は何を表しているのでしょうか。

"And what an ignorant little girl she'll think me for

asking! No, it'll never do to ask: perhaps I shall see it written up somewhere."

原文⑩

Down, down, down. There was nothing else to do, so Alice soon began talking again. "Dinah'll miss me very much to-night, I should think!" (Dinah was the cat.) "I hope they'll remember her saucer of milk at tea-time. "Dinah, my dear! I wish you were down here with me! There are no mice in the air, I'm afraid, but you might catch a bat, and that's very like a mouse, you know. But do cats eat bats, I wonder?" And here Alice began to get rather sleepy, and went on saying to herself, in a dreamy sort of way, "Do cats eat bats? Do cats eat bats?" and sometimes "Do bats eat cats?", for, you see, as she couldn't answer either question, it didn't much matter which way she put it. She felt that she was dozing off, and had just begun to dream that she was walking hand in hand with Dinah, and was saying to her, very earnestly, "Now, Dinah, tell me the truth, did you ever eat a bat? ", when suddenly, thump! thump! down she came upon a heap of sticks and dry leaves, and the fall was over.

解説

次の英文での、you と I との関係はどのようなものでしょうか。

"Dinah, my dear! I wish you were down here with me!

There are no mice in the air,

　普通には you と I との会話です。会話は、表面的にはで
きます。でも、それを深めた対話は実際にはなかなかに難
しいと思われます。会話と対話の違いをどのように付けま
すか。穴に落ち込む前の、単調な次元でも、この両者は親
しい関係にあります。それが、この穴に落ち込んで、地球
を突き抜けるほど深く遠くに来ていると想像の中で不安を
感じ、そしてうとうとしつつも歓喜しながら、つまり、ア
リス自身がどうなるか分からない、というさ中でも、you、
Dinah を思い出しています。コウモリを食べるんじゃない
かという新しい面を思いつつ。

　そのような嬉々とした喜びの次元にあって、そのさ中ま
で別の面を持つかもしれないと気が付いて、Dinah のこと
を思うとはどのようなことでしょうか。三人称のオースト
ラリアの遠さと、二人称の Dinah の近さとの対照性は、
印象的です。

原文⑪

　　Alice was not a bit hurt, and she jumped up on to feet in
　　a moment: she looked up, but it was all dark overhead:
　　before her was another long passage, and the White
　　Rabbit was still in sight, hurrying down it. There was
　　not a moment to be lost: away went Alice like the wind,
　　and was just in time to hear it say, as it turned a corner,
　　"Oh my ears and whiskers, how late it's getting!" She
　　was close behind it when she turned the corner, but the
　　Rabbit was no longer to be seen: she found herself in a

long, low hall, which was lit up by a row of lamps hanging from the roof.

解説

次の英文はどうでしょうか。

She was close behind it when she turned the corner, but the Rabbit was no longer to be seen:

　たまたま到来したチャンスを前にして、大概の人たちは、それを逸してしまうようです。この意味では、ウサギは、人々の人生を導く一つの象徴のようにも見えます。そのような思いを持って、この物語に接しても良いように思えますが、どうですか。気になるものを追いかける、その手前で済めばそのことは、the Rabbit という既定の三人称に留まるものとしてあるのです。でも同時にこの the Rabbit はそこから抜け出るきっかけにもなって、そうであれば、これはそういう既定性を超えた三人称性でもあるのです。これはどのようなものでしょうか。

原文⑫

There were doors all round the hall, but they were all locked; and when Alice had been all the way down one side and up the other, trying every door, she walked sadly down the middle, wondering how she was ever to get out again.

解説

人生の冒険をしようとしても、その多くではほとんどの

箇所に難しさが立ちはだかっています。そして、she walked sadly down the middle, というようなことになるわけです。音読する際は、アリスのように進めるだろうかとか、後退せざるを得ない時には、アリスであればどのような思いでするだろうか、という思いを持ってしてもいいと思われます。

原文⑬

Suddenly she came upon a little three-legged table, all made of solid glass: there was nothing on it but a tiny golden key, and Alice's first idea was that this might belong to one of the doors of the hall; but, alas! either the locks were too large, or the key was too small, but at any rate it would not open any of them. However, on the second time round, she came upon a low curtain she had not noticed before, and behind it was a little door about fifteen inches high: she tried the little golden key in the lock, and to her great delight it fitted!

解説

一般にふつうとされる it もありますが、ここでも、非人称の三人称の世界が広がっています。この世界にアリスは嬉々として入ってきたのです。でも、繰り広げられている世界はその未知の秩序を持っています。

ここではアリスの努力が見られます。次の英文は、その一つです。

Alice's first idea was that this might belong to one of

the doors of the hall;

　ここでの that はどんな働きをし、this はどのようなことを指しているのでしょうか。

原文⑭

Alice opened the door and found that it led into a small passage, not much larger than a rat-hole: she knelt down and looked along the passage into the loveliest garden you ever saw. How she longed to get out of that dark hall, and wander about among those beds of bright flowers and those cool fountains, but she could not even get her head through the doorway; "and even if my head would go through,"thought poor Alice,"it would be of very little use without my shoulders. Oh, how I wish I could shut up like a telescope! I think I could, if I only knew how to begin." For, <u>you see</u>, so many out-of-the-way things had happened lately, that Alice had begun to think very few things indeed were really impossible.

解説

　どこか分からず、誰もいない洞穴のようなところで、外へ出たいと思い、アリスはあちこちとうろつきます。それでも次の英文にあるように、you see, とあるのです。これは単なる習慣的な言い回しと見ることもできますが、立ち止まって考えてみると、この you とは誰のことでしょうか。そしてすぐ前に you がいるかのように、二人称と、この英文を発する人が、一人称と二人称としてつながっている

ようにも見えます。安井の訳では「アリスがなぜこんなこ
とを考えたのか、もうおわかりでしょう」とされています。

For, you see, so many out-of-the-way things had
happened lately, that Alice had begun to think very few
things indeed were really impossible.

この英文ではまた、Alice had begun to think の後に続
く主語と動詞ですが、これが「世の中には絶対に不可能な
ことなんてないという気になりはじめていたのです」とい
うように入れ替わって訳されていることが気になります。
very few things が主語とされているということは、アリ
スの頭に浮かんだのは things なのです。ですから、それ
についての説明として really impossible を配置して訳すべ
きです。

原文⑮

> There seemed to be no use in waiting by the little door,
> so she went back to the table, half hoping she might find
> another key on it, or at any rate a book of rules for
> shutting people up like telescope: this time she found a
> little bottle on it ("which certainly was not here before,
> "said Alice), and tied round the neck of the bottle was a
> paper label, with the words "DRINK ME"beautifully
> printed on it in large letters.

解説

アリスは、見覚えのない小瓶を見つけます。この小瓶に
ついては、「さっきは、こんなものなんか、ぜったいここ

にはなかったわ」と訳されています。この日本語には、ア
リスが抱いたであろう、いくつかの感情の動きが込められ
ているようですが、それに相当する英文は、下のように、
感情の具合が示されない中正表現です。

("which certainly was not here before,"said Alice),

　この英文では、少なくとも「こんなものなんか」「なか
ったわ」という表現が使われていません。中正的内容とし
て表現されているのです。訳すにしても中正表現で進める
べきです。さらにまた続いて、次のように書かれています。

with the words "DRINK ME" beautifully printed on it
in large letters.

　ここでは、「わたしを飲んで」と訳されています。確か
に日本語的にはこなれた表現です。日本人には近寄りやす
く、わかりやすいでしょう。それでもしかし、命令形にし
ても、直訳に徹して、動詞形の安定性をやたらと崩すべき
ではありません。仮に訳すとすれば「～しなさい」という
ように、つねに一定表現を用いて命令形式とすべきです。
ここでは「～を飲みなさい」と訳しましょう。

　原文⑯

　　It was all very well to say "DRINK ME,"but the wise
　　little Alice was not going to do that in a hurry. "No, I'll
　　look first,"she said, "and see whether it's marked'poison'or
　　not"; for she had read several nice little stories about
　　children who had got burnt, and eaten up by wild beasts,
　　and other unpleasant things, all because they would not
　　remember the simple rules their friends had taught

them: such as, that a red-hot poker will burn you if you hold it too long; and that, if you cut your finger very deeply with a knife, it usually bleeds; and she had never forgotten that, if you drink much from a bottle marked "poison,"it is almost certain to disagree with you, sooner or later.

解説

このパラグラフでは、"No, I'll look first," she said, "and see whether it's marked 'poison' or not" に見るように、直接話法で、「No, I'll look first」の部分と、「she said」の部分から成っています。しかし、訳においては、「she said」の位相が不明です。さらにまた、I も she も訳し分けられていないことから判断すれば、このパラグラフでは she と対象化して話す一人称の目がどこかにあることが全く予想すらもできなくされているという課題があるのです。

それでは、次の英文はどうでしょうか。

It was all very well to say "DRINK ME,"
「『わたしを飲んで』とは願ったりかなったり」

it is almost certain to disagree with you, sooner or later.
「とにかく必ずからだに害を及ぼすことになるということ」

ここには、It 〜 to— 表現がありますが、訳されると消されてしまいます。そのため、It が何を意味するか認識する機会がなくなるのです。

原文⑰

However, this bottle was not marked "poison,"so Alice ventured to taste it, and, finding it very nice (it had, in fact, a sort of mixed flavor of cherry-tart, custard, pineapple, roast turkey, toffy, and hot buttered toast), she very soon finished it off.

"What a curious feeling!"said Alice. "I must be shutting up like a telescope!"

解説

その瓶に毒が入っているかどうか気にするアリスです。

so Alice ventured to taste it, and, finding it very nice

でも飲んでしまうアリスです。彼女は、このような勇気をどこからもらったのでしょうか。恐らくは、未知の場所にいて、それでも慎重に振る舞うことができている新しい自分を見つけたからと言えるでしょう。そのような気持ちを持って音読することができるでしょうか。

"What a curious feeling!" said Alice. "I must be shutting up like a telescope!"

次にこの英文、"What a curious feeling!" said Alice. "I must be" での、Alice と I の関係はどのようなものでしょうか。誰かが Alice と呼んでいるわけですが、このように Alice と呼ぶ存在とは何なのでしょうか。

原文⑱

And so it was indeed: she was now only ten inches high, and her face brightened up at the thought that she was now the right size for going through the little door into

郵 便 は が き

料金受取人払郵便

新宿局承認

3971

差出有効期間
2022年7月
31日まで
（切手不要）

１６０-８７９１

１４１

東京都新宿区新宿1－10－1

(株)文芸社

愛読者カード係 行

ふりがな お名前		明治　大正 昭和　平成	年生　　歳
ふりがな ご住所	□□□-□□□□		性別 男・女
お電話 番　号	（書籍ご注文の際に必要です）	ご職業	
E-mail			

ご購読雑誌（複数可）	ご購読新聞
	新聞

最近読んでおもしろかった本や今後、とりあげてほしいテーマをお教えください。

ご自分の研究成果や経験、お考え等を出版してみたいというお気持ちはありますか。

ある　　　　ない　　　内容・テーマ（　　　　　　　　　　　　　　　　）

現在完成した作品をお持ちですか。

ある　　　　ない　　　ジャンル・原稿量（　　　　　　　　　　　　　　　）

書　名							
お買上 書　店	都道 府県		市区 郡	書店名			書店
				ご購入日	年	月	日

本書をどこでお知りになりましたか?
　1.書店店頭　2.知人にすすめられて　3.インターネット(サイト名　　　　　　)
　4.DMハガキ　5.広告、記事を見て(新聞、雑誌名　　　　　　　　　　　　　)

上の質問に関連して、ご購入の決め手となったのは?
　1.タイトル　2.著者　3.内容　4.カバーデザイン　5.帯
　その他ご自由にお書きください。
（　　　　　　　　　　　　　　　　　　　　　　　　　　　　　　　　　　）

本書についてのご意見、ご感想をお聞かせください。
①内容について

②カバー、タイトル、帯について

弊社Webサイトからもご意見、ご感想をお寄せいただけます。

ご協力ありがとうございました。
※お寄せいただいたご意見、ご感想は新聞広告等で匿名にて使わせていただくことがあります。
※お客様の個人情報は、小社からの連絡のみに使用します。社外に提供することは一切ありません。

■書籍のご注文は、お近くの書店または、ブックサービス(☎0120-29-9625)
　セブンネットショッピング(http://7net.omni7.jp/)にお申し込み下さい。

that lovely garden. First, however, she waited for a few minutes to see if she was going to shrink any further: she felt a little nervous about this; "for it might end, you know,"said Alice to herself, "in my going out altogether, like a candle. I wonder what I should be like then?"And she tried to fancy what the flame of a candle looks like after the candle is blown out, for she could not remember ever having seen such a thing.

解説

　以下の英文の訳は、「アリスは顔を輝かせました。小さな扉をうまく抜けてあの美しい庭に入っていけそうなくらい、ちょうどぴったりの大きさになっている、と思ったからです」とされています。日本語としては、こなれています。

her face brightened up at the thought that she was now the right size for going through the little door into that lovely garden.

　しかし、the thought that she was とあります。the thought という概念と、that she was に見られるように、同格というつながれ方に慣れたいものです。この that 節は the thought をしっかり支える働きをしている点で、わたしたちの意識から消してはならないものだからです。そして、次の英文です。

she felt a little nervous about this;

"for it might end, you know," said Alice to herself, "in my going out altogether, like a candle.

上の英文の、she felt a little nervous about this; の this
は、どのように意識しますか。そして、it might end, の it
はどのようなことでしょうか。

　また you know です。この you は何を指していて、これ
はどのようなことを示しているのでしょうか。

原文⑲

> After a while, finding that nothing more happened, she
> decided on going into the garden at once; but, alas for
> poor Alice! when she got to the door, she found she had
> forgotten the little golden key, and when she went back
> to the table for it, she found she could not possibly reach
> it: she could see it quite plainly through the glass, and
> she tried her best to climb up one of the legs of the
> table, but it was too slippery; and when she had tired
> herself out with trying, the poor little thing sat down and
> cried.

解説

　次の英文の、finding that ＳＶ は、次の主節につなぐ上
で大切なものです。この部分はしかし、「しばらく待って
みましたが、もうそれ以上、なんにも起こりませんでし
た」と訳され、これが消されています。

After a while, finding that nothing more happened, she
decided on

　そして次の英文は、「何度も何度もさんざん試してみま
したが、結局できません。疲れ切ってしまったこのちっち

ゃな女の子は、かわいそうに、へたり込んで泣き出してし
まいました」と訳され、when she had の部分が消され、
訳し方も入れ替えられ、she も訳されていないのです。

and when she had tired herself out with trying, the
poor little thing sat down and cried.

　英文構造を、それが表現されているように正確に、把握
する習慣が大切です。そのことで、彼らの思考方法を把握
することができるのです。ここではまた、the poor little
thing とされ、the poor little girl ではないのですが、その
ことをどのように推測しますか。

原文⑳

　　"Come, there's no use in crying like that!" said Alice to
　　herself rather sharply. "I advise you to leave off this
　　minute!" She generally gave herself very good advice
　　(though she very seldom followed it), and sometimes she
　　scolded herself so severely as to bring tears into her
　　eyes; and once she remembered trying to box her own
　　ears for having cheated herself in a game of croquet she
　　was playing against herself, for this curious child was
　　very fond of pretending to be two people. "But it's no use
　　now," thought poor Alice, "to pretend to be two people!
　　Why, there's hardly enough of me left to make one
　　respectable person!"

解説

"Come, there's no use in crying like that!" この訳は「し

っかりしなさいよ。そんなに泣いたってどうなるものでも
ないでしょ！」とされ、

　"I advise you to leave off this minute!" この訳は「いい
こと、言っておきますけど、もう泣くのはやめましょう！」
とされています。

　この二つの英文は、自問自答の部分のようですが、三人
称性に則した表現ですから客観性を維持する形式が取られ
ています。そして、英文では一貫した在り方を維持すべく
言語形式としては中正的です。

　しかし、訳を見ると、いろんな感情が見える表現にされ
ている、と言えます。この脚色は余計です。日本語的には
こなれたもので、良いものですが、普遍原則性を維持する
ためにこの場合も、英語では、中正的で、既成的な表現が
守られます。それは次のことを意味しています。つまり、
そのことは、その中正表現に載せられる感情理解がどのよ
うに出ているのかを推測することについても、読者の読み
取り方に任せるということです。

Mind your own business.	余計なお世話だ。
Don't judge me!	身勝手な判断をしないで！
Go to hell!	消え失せろ！

　英語の文字次元では上のような感情表現があります。

　上の英語と日本語のわずかな比較をしても、右側の日本
語ではいくつもの表現上の変化があり得ますが、英語では
形式として誰が誰に発しても変化ないわけです。ただ音読
するときは、抑揚などを含め、いろんな風の感情が込めら
れます。感情の働きにはいろんなものがあるのですが、文

字次元での理解においては、それは概念性を補うものと単純に考えられている一面があるため、表現上での変化がないと言えるかもしれません。

いずれにしろ、書かれたものに対する、黙読も、そして音読についても、読者がどのようにそれぞれの英文を読み取るかが気になるわけです。しかしそれについては、基本的に中正表現の言語把握でオーケイとされ、感情がいかに流れているかは、それを読者に任せるのが英語のやり方です。大切なことは、中正表現に接して、それぞれの言い方に何を読み取るかが課題なのです。

それでも、既成の概念に則した言語であると判断されているため、肯定するにしても否定するにしても、その把握の仕方については相手に任せます。それは、確かに一方では相手や聞いている人たちにその表現を聞くことによって起こされる感情をどのように解釈するかという点で、はなはだしい誤解を与えることが多々ありますが、他方では、その方が想像力が一層かきたてられ、その概念性が理解されやすいとされる側面が大きいからです。

このことを一般論で考え直してみましょう。本質的には、中正的な表現を守るとは、それを通して、書き手も、語り手も、文字に接する際、その想像力を働かせ、概念性に則してその構図を描いています。すなわち、中正的とは言語の在り方が普遍的、概念的とされていることであるため、言語を発する側も受け取る側も、中身的に食い違うことはないと想定しているのです。これが了とされるのは、概念信仰の故と言っていいでしょう。

しかし、ここにこそ、上に述べたように、英米の概念主義に則した思考方法の欠陥があることを示しています。すなわち、英語でも一面でいえば、この言語において、人々は既成の概念性に則して的確な言語行為をすることができます。この言語は、論理的、理念的に理解するという点では大変すぐれています。しかしそのような面があっても、この言語は、それを使う人々を、その在り方に強く固定させる傾向があります。そのことで、そのように使っている人たち自身をその面から拘束し、切り裂いているのです。そして、それに終わらず、敵だからという理由で鋭く対決しつづける側面でも、対立者としてその相手を切り裂いている事実があります。それが、無駄な対立を見直し、共生へと進む在り方を阻害する要因にもなっているわけです。

　さらには、発する側も受け取る側も実際には、既成の言語の在り方に張りついて相互に自分の側の人たちを満足させようとするため、その表現によって引き起こされる感情がどのようなものか、どのように相手を引き裂くかについては第二義的、もしくは別物と見る傾向が強いのです。結果として、その弊害は大きいわけです。憎しみがいつまでもつづくことが多々あります。

　ですから、英語で意見を述べ、議論する際は、それを聞く人たちが憎悪の感情を抱かないように配慮すべきです。

　自らにとってその意見がいかに正義でも、憎悪を再生産しない工夫をして発言をすべきです。

　原文のパラグラフに戻れば、次の英文もアリスをよく知っている誰かによってなされている、直接のアリス評のよ

うです。ここでは、文頭の for は、論理的な接続という点
では重要なのですが、それが見えなくなっています。

for this curious child was very fond of pretending to be
two people.
「とにかくこの好奇心の固まりみたいな女の子は、一人二
役になって一人遊びをするのが好きでした」

原文㉑

Soon her eye fell on a little glass box that was lying
under the table: she opened it, and found in it a very
small cake, on which the words "EAT ME" were
beautifully marked in currants. "Well,I'll eat," said Alice,
"and if it makes me grow larger, I can reach the key; and
if it makes me grow smaller, I can creep under the door;
so either way I'll get into the garden, and I don't care
which happens!"

解説

the words "EAT ME" were beautifully marked in
currants.
訳は「干しぶどうをきれいに並べてわたしを食べて」と
されています。これでは依頼のように見えます。命令形は
やはりどの場合も「一定の形式としては決まった終わり
方」をすべきです。「食べなさい」というように。

if it makes me grow larger,
「もしこれを食べてからだが大きくなったら」ですが、こ
の文の文型とこの訳は対応しないようです。

I don't care which happens!

「どっちになってもいいわ！」この訳でも、主語が消されています。

原文㉒

She ate a little bit, and said anxiously to herself "Which way? Which way?", holding her hand on the top of her head to feel which way it was growing; and she was quite surprised to find that she remained the same size. To be sure, this is what generally happens when one eats cake; but Alice had got so much into the way of expecting nothing but out-of-the-way things to happen, that it seemed quite dull and stupid for life to go on in the common way.

So she set to work, and very soon finished off the cake.

解説

that it seemed quite dull and stupid for life to go on in the common way.

この英文の it ～ for-to ― の関係を英語でつかむことができるように配慮したいものです。

So she set to work, and very soon finished off the cake.

とあります。

しかし、常識的には、ウサギが連れてきた洞穴の中へ、いきなり飛び込んで、思いがけなく、ケーキなどが出てきて、それを食べるなどというような、楽しさを予想することは到底できないのです。まさに、この設定を、誰がどの

ような理由で企画したか分かりませんが、思いがけなさが
もたらしてくれる産物の楽しさです。

　片や、そこには、現実生活の単調さ、つまらなさが厳然
としてあるが故なのです。それがあって、思いがけなくも
たらされた楽しさでもあるのです。

　つまらなさの産物ではあっても、この単調なつまらなさ
と、ウサギが導いた楽しさとの、全くの別世界の二つのも
のが、併存して進行するところに、他と違った、アリスの
物語の新鮮さ・独自性があると思われます。

　つまり、忘れてはならないことは、三人称性の枠のつま
らなさが潜在的にあって、それ故に、ひょんなことで出て
きた、別の新しい三人称性が生み出すことになる楽しさが
魅力になるのです。

まとめ

　この物語は、誰か分からないある人によって、一つは、
ウサギを引き金にして、暗い穴の中へとび込んだことで、
具体的なしつらえが示され、その中で描かれた様をアリス
が見出すという形で、単調な現実に対抗する形で描かれて
います。

　その人によってまた、もう一つは、アリスの内面に焦点
が当てられ、その変化が推測され、想像されながら、現実
世界と往復する形式をとって、穴の中で刻々と変わる様が
描かれている、というように、二重の位相が重ね合わせら
れる設定をすることで生み出された作品です。

　このように二重性を備えた物語です。この作品は、いろ
んな風に推測されたものが、たとえばですが、下線を引い

て示した it へと収斂する仕方でつくられています。それ
はまた、非人称性に軸を据え、その過程を想像的に構築し
て、つくられている三人称性次元の世界に沿ったものです。

> Down, down, down. Would the fall never come to an end?
> "I wonder how many miles I've fallen by this time?" she
> said aloud. "I must be getting somewhere near the
> center of the earth. Let me see: that would be four
> thousand miles down, I think – " (for, you see, Alice had
> learnt several things of this sort in her lessons in the
> school-room, and though this was not a very good
> opportunity for showing off her knowledge, as there was
> no one to listen to her, still it was good practice to say it
> over)" – yes, that's about the right distance – but then I
> wonder what Latitude or Longitude I've got to?"

　英語は、非人称性に軸が据えられ、既成の三人称性をフ
レームとして、それぞれの英文が既定的、中正的な在り方
に則してつくられている言語なのです。既定的、中正的な
在り方とは硬直したフレームを持ってつくられている、と
いうことです。
　つまり、単調でつまらないこととウサギが導いた楽しさ
との二つの関係は、これを言い換えると、相違したもの、
大きく対立した関係にあるわけです。基本的にはこの二つ
は、互いにぶつかり、ぶち壊す関係にはないのですが、対
立性としてあるのです。この物語では、この対立性が底流
にあって、場面設定の変化によって生みだされる緊張感、

この緊張感から得られる楽しさが魅力です。

　しかしこの構図とは違った対立性もいろいろとあるのです。たとえば、それはアメリカの共和党と民主党の対立です。今やつぶし合い、壊し合いの様相を示しています。そのことにはいくつかの理由があります。

　それは、英語は第一には「硬直したフレーム・言語」で、良さもありますが、欠陥もあるのです。英語がそういう硬直性に基づいた在り方をしていることに彼らは気づかず、そこから抜け出そうとしないからです。

　そして第二には、「硬直したフレーム・キリスト教神学」という在り方にも気づいていないことにあるのです。

　このような英語です。

　これに反して、その姿自体が情的、調和的で、かつ一体化したあり様を根に持つ日本語はそんな位相にいつつ、論理的な構築をし、武装した日本語へと変化させて、いかに巧妙に翻訳しても、論理的原則から離れていくばかりで、本来の英語には至らないのです。日本人には、アリスの物語を正確に日本語の上に移すことが難しいと思われます。

Chapter Ⅵ. (pp.140-143)
PIG AND PEPPER.　第6章　コブタとコショウ

原文①

　"Talking of axes," said the Duchess, "chop off her head!"
Alice glanced rather anxiously at the cook, to see if she
meant to take the hints; but the cook was busily stirring
the soup, and seemed not to be listening, so she went on

again: "Twenty-four hours, I think; or is it twelve? I
—— "

定点　三人称性に基づく表現と剛構造性について

"chop off her (baby's) head!" この意味することを理解し
得るのは、この英文が「既成の三人称性の世界の出来事
1」としてあるからです。既成の三人称性にあるとは、固
定観念に捉われていることでもあるわけです。すなわち、
公爵夫人はまったく労働する必要がないのに対して、そこ
で働く料理人はと言えば、何が起きていてもただ自分に与
えられた仕事をするしかない現実を押しつけられていたわ
けです。このように、当時はどのような世相にあったのか
と言語的にも探ることもできます。続く to see if she
meant to take the hints; but the cook was busily stirring
the soup, も、「既成の三人称性に基づく世界」にあること
を暗示しています。ですから、アリスはこのような出来事
を避けようとしているわけです。このことで、心配したこ
とが起きないようにと、しかし、このことでもう一つの新
しい「三人称性の世界の出来事2」へと導けるかどうかで
す。

Alice glanced rather anxiously at the cook, to see if she
(the cook) meant to take the hints; この英文では、心配し
たことから気をそらそうとして、自らの感情のブレとは別
に、次の質問をするのです。so she (Alice) went on again:
"Twenty-four hours, I think; or is it twelve? I —— "（地
球の自転の時間）

110

<u>英文と訳文の例</u>

・"Talking of axes,"said the Duchess, "chop off her head!"
「そうだ。『おのれ』と聞いて思い出した。この子の首を
斧ではねておしまい！」（安井訳）

・so she went on again: "Twenty-four hours, I think; or is
it twelve? I ―― "

そこでアリスはまた続けました。「24時間だったと思う
けれど、それとも12時間だったかしら。わたし――」（安
井訳）

<u>訳読の副作用</u>

訳読式によると、この上の二例はともにまさにびっくり
する出来事でしかないのです。アリスもそのように思いま
した。しかし公爵夫人はそんなことは斟酌しないようです。
ここでは既成の三人称性が基本とされる英語ですから、当
時の習慣から見て、夫人から見てそれを良しとする既成の
条件がそろっていれば、夫人がそのように言うのは、なる
ほど、やむを得ぬ発言とも理解できます。

<u>key sentence</u>

"Talking of axes," said the Duchess, "chop off her head!"

当時の固定観念から見て、夫人中心に発言された直截な
表現です。

<u>imaginative reading</u>

音読を毎日する生徒は大変少ないようです。それでも音
読は、一つは、音声面の訓練としてなされています。二つ

は、英文の意味を取りつつ、英語らしいイントネーション
を身につける目的で行われています。

　クラスや生徒によりますが、前者は7割、後者の練習は
3割程度の比率でなされているようです。

　音読に期待することは、英文の意味をしっかり取るべく、
くり返してやってほしいことです。しかし、ほとんどのク
ラスでなされている作業は日本語の訳のバリアの内のもの
ですから、本当はそれをつき抜けて行うことです。

　日本語訳から離れて、英語がもつ各種の仕組みはどのよ
うなものかと推測し、想像して、英語の世界だけにつかっ
て、その生の姿を獲得すべきです。

　それには、与えられた英文についての訓練に留まらず、
その英文のポイントは何かと質問したり、また自ら持った
疑問に自分で自由に答えて訓練することを imaginative
reading と言いますが、このようなことも試みたいもので
す。

　下の斜体の文字は一例を示すものです。音読する人が自
由に、他のいろんな英文を付加して、いろんな挑戦をして
音読していいものです。

"Talking of axes,"said the Duchess, "chop off her head!"
Oh, it's quite terrible. Why did she say like that?

　Alice glanced rather anxiously at the cook, to see if she
meant to take the hints; but the cook was busily stirring
the soup, and seemed not to be listening,

*It was perhaps good that the cook was not aware of the
hints.*

So she went on again: "Twenty-four hours, I think; or is it twelve? I —— "

But it's natural that axe and axes are different. People can hold of axe, but cannot see axes.

<u>安井訳に関して</u>

やたらと怖い公爵夫人、自分の仕事を守ることにしか関心がない乱暴な料理人の姿が描かれているばかりです。日本人にはこのような人たちはそんなに見られないように思われます。

人称と非人称の三角形に基づいた関係は、一般的には<u>人々に既定の位置を与えるか、そこにいるように強制する働きをします</u>。この訳文ではしかし、公爵夫人や料理人がどんな定位置の人か手掛かりが見えないのです。

主語と動詞（said the Duchess）そして（I think）の訳が抜けています。そしてⅠを私と訳すのは妥当ではありません。人称と非人称の三人称関係が消される原因です。

さらに主語（the cook seemed での the cook）が抜かれた訳となっています。

原文②

"Oh, don't bother me!" said the Duchess. "I never could abide figures!" And with that she began nursing her child again, singing a sort of lullaby to it as she did so, and giving it a violent shake at the end every line; ——

定点 三人称表現と剛構造性について

"Oh, don't bother me!" said the Duchess. そう言いつつ、次のようにするわけです。giving it a violent shake at the end every line; —— これが「三人称性の世界の出来事1」です。

　このように極端なことだとしても、そのことは、恐らくthe Duchess は、その時代の上流階級は何もしなくていいとされるのが常識で、面倒なことはどんな大切なことでもわずらわしく思うため、乱暴に扱うわけです。しかし、そのように考えさせる原因はどこにあるのでしょうか。それは、そのことが常識なのは、三人称世界に当時のヴィクトリア女王時代の習慣性が住みつく故なのです。

　英文と訳文の例
・"I never could abide figures!"
「わたしは数字がどうこういうのは我慢がならないのさ！」
（安井訳）

　訳読の副作用
　abide figures　この表現の単純さは見事なもので、客観的に良く理解できるものです。
　語彙：abide 忠実に守る　figure 数字

　key sentence
with that she began nursing her child again, singing a sort of lullaby to it as she did so,
　そういうと、また赤ん坊をあやしはじめました。赤ん坊に向かって子守歌のような歌を歌いながら、（安井訳）

　この英文での表現が三人称性と客観性としてあるのに、この訳では、英文が「二人称と一人称と三人称」の三角形の関係として組み立てられていることは不明です。

imaginative reading
以下を自由に組み替えて読んでみましょう。

"Oh, don't bother me!" said the Duchess. "I never could abide figures!" *Why did she say so? I can't understand her. She had better know it's nice to be good at figures.*

　And with that she began nursing her child again, singing a sort of lullaby to it as she did so, and giving it a violent shake at the end every line; ——

From now, let's practice. Here is a sentence that she began nursing her child again,

Now, let's think about the triangle of the first, the second and the third personal and non-personal pronoun. And it's important to know the difference of these. That is, this sentence stands on the existing axis which is constructed on the level of the third one.

By the way, does the Duchess like her child, or not?

安井訳に関して
「ああ、わずらわしい！」で終わると、目的語の me の位置が見えません。「私を悩ますな」の方がいいと思われます。また「わたしは数字がどうこういうのは我慢がならないのさ！」と、このように公爵夫人が言うのはどうでしょ

うか。figures という三人称は単に数字ではないわけです。既成の在り方が示す混乱を振り切る直截な象徴と見ることができます。また、（she began の she）（as she did so）が消されています。

原文③

"Speak roughly to your little boy,
    And beat him when he sneezes:
He only does it to annoy,
    Because he knows it teases."

CHORUS
(in which the cook and the baby joined) :──
"Wow! wow! wow!"

定点　三人称性表現と剛構造性について

And beat him when he sneezes:

これが「三人称性の世界の出来事１」です。ここでは、your little boy とありますから、annoy の後には大人が想定されます。

大人とはこういうものとされていますから、ここから幼子はいじわるでそうするのではないという新しい方向へと「三人称世界の出来事２」を推測し、そこへと到達し得るのはとても困難です。不可能です。その間は、いかに遠いことでしょうか。

英文と訳文の例

116

・*He only does it to annoy, Because he knows it teases."*
　大人がくしゃみをいやがると　百も承知で　わざとする
（安井訳）

訳読の副作用
　訳では、細やかに説明されていますが、英文では、He
や it という三人称を用いて幼子のおおらかさがよく示さ
れています。それは何故かと言えば、どうしてそのような
のかと人の性格について想像するように仕向けるからです。
このように、英文とは、それが喚起して、想像させる力を
持っているのです。

key sentence
He only does it to annoy,
　He が子どもであれば、日本語では、「大人」と入れない
となかなかそれが分からないようです。しかし、英文では、
annoy の後はなくても、大人と分かるのです。
　語彙：sneeze くしゃみをする、くしゃみ　tease　悩ま
す

imaginative reading
　　　"Speak roughly to your little boy,
　　　　　And beat him when he sneezes:
　It's natural for us to be kind to our little boy. Why does
she speak roughly to him? To beat little ones is the worst.
　　　He only does it to annoy,
　　　　　Because he knows it teases."

*Why does he do so? Does he dislike adults? Is he so
nasty by nature?*

CHORUS

(in which the cook and the baby joined) : ——
"Wow! wow! wow!"

安井訳に関して

「大人がくしゃみをいやがると百も承知でわざとする」この訳はどうでしょうか。既成の三人称性に則した関係の次元を消す働きをしています。

　訳では、He（boy）という三人称と、目的語 it の関係が崩されています。（He does）と（he knows）での主語動詞関係は基本です。

　二つの it がありますが、音読ではこの三人称が受けるものが何かはっきり意識してする必要があります。

原文④

While the Duchess sang the second verse of the song,
she kept tossing the baby violently up and down, and the
poor little thing howled so, that Alice could hardly hear
the words: ——

定点　三人称表現と剛構造性について

she kept tossing the baby violently up and down,

　このような事実「三人称性に則した世界の出来事１」を見て、Alice could hardly hear the words: と表現されてい

118

ます。

　これが普通の世相とすれば、この「三人称世界の出来事
1」支配は怖いものです。

<u>英文と訳文の例</u>

・the poor little thing howled so,
　かわいそうに赤ん坊は大きな声で泣き叫んで

<u>訳読の副作用</u>

　the little thing も概念的な単純性を表しています。それ
が何かと理解されるには想像力が求められます。訳はその
点では、想像力を貧困にさせるものです。

<u>key sentence</u>

　Alice could hardly hear the words: ――
　アリスには、歌の歌詞も聞き取れないほどでした――
　語彙：howl ワーワー泣く　the words 歌の歌詞
　上の訳には、主語と動詞がなく、the words が歌の歌詞
と具体化され表現されています。the words という表現は
概念的明晰性を表し、それが何かと想像力を求めています。

<u>imaginative reading</u>

　While the Duchess sang the second verse of the song,
she kept tossing the baby violently up and down,
　Why does she toss the baby?
　and the poor little thing howled so, that Alice could
hardly hear the words: ――

It's written that the poor little thing howled so. It's quite natural. If the baby is treated well, it would not howl.

This sentence also stands on the existing axis. It is constructed on the level of the third personal and non-personal pronoun.

<u>安井訳に関して</u>

歌とともに she kept tossing the baby violently up and down, とされ、一番に続き、二番も歌いながら、泣き叫んでもやっているわけですから、習慣的になっているようです。この点でも、既成の三人称性に則した関係を意識しないか、忘れた訳になっています。

訳では、（she kept tossing）この位置が弱いようです。

原文⑤

"I speak severely to my boy,
　　I beat him when he sneezes;
For he can thoroughly enjoy
　　The pepper when he pleases!"

CHORUS
"Wow! wow! wow!"

定点　三人称性に則した表現と剛構造性について
I beat him when he sneezes;
これが普通の「三人称世界の出来事1」です。ですから、

he can enjoy the pepper という辛口表現が出るわけです。

英文と訳文の例
・*I speak severely to my boy,*
　甘いことばを　かけるなよ

訳読の副作用
　I speak この主語動詞が、なぜに命令形の訳に示される
のでしょうか。
　また、*to my boy* です。この *my boy* がなぜに消えるの
でしょうか。*my boy* で具体的な表現になっているのです
が、これも消えています。

key sentence
　　For he can thoroughly enjoy
　　The pepper when he pleases!"
　これは、明確に三人称性に則した次元の表現です。それ
が、「コショウが大の好物で　暇さえあれば　口にする」
と人称性不明の言い方にされています。

imaginative reading
　　"I speak severely to my boy,
　　　I beat him when he sneezes;
　Why do I speak severely to my little boy?
　I can't understand why I speak so.
　　For he can thoroughly enjoy
　　　The pepper when he pleases!"

I can't believe he enjoy the pepper.

CHORUS
"Wow! wow! wow!"

安井訳に関して

（I speak）で始まっています。そして、この原文の4行すべてが既成の三人称性に則した次元の出来事ではないかという意識がないようです。ここで語られていることは普通に起きる事柄ではないのです。ですからそれは、既成の三人称性に則した次元の出来事であると推測されます。それが、当時の世相と無関係に起きることとしたら、極めて怖いことです。

原文⑥

"Here! You may nurse it a bit, if you like!"the Duchess said to Alice, flinging the baby at her as she spoke. " I must go and get ready to play croquet with the Queen, "and she hurried out of the room. The cook threw a frying-pan after her as she went, but it just missed her.

定点　三人称性に基づいた表現と剛構造性について
"Here! You may nurse it a bit, if you like!" と you が入ります。しかし the Duchess said to Alice, とされています。これは、「三人称性の世界の出来事１」の次元にあることを示しています。次もまさにそのようにやたらと方々へ放り投げる The cook の様子も見えます。

The cook threw a frying-pan after her as she went,

　料理人は出ていく公爵夫人めがけてフライパンを投げつけました。

　しかし、このように、状況に密着した訳では、nurse the baby well. というような「三人称性の世界の出来事２」への転換は望むべくもありません。これでは絶望感一杯になります。

英文と訳文の例

・ "Here! You may nurse it a bit, if you like!"

「ほれ！　あやしたければあやすがよい！」とアリスに言いながら、公爵夫人は赤ん坊をアリスめがけて乱暴に放ってよこしました。

　英文では、三人称性という次元の中での you です。そういう you に面と向かった表現です。訳文では三人称性という緊張した枠が消失し、アリスの気持ちに問いかけるだけの文になっています。

訳読の副作用

　前の例でみて分かるように、訳読されると、概念的把握という中正的な表現が見えなくなるのです。

key sentence

"I must go and get ready to play croquet with the Queen,"

　公爵夫人がどのような意識にある存在かを暴露する文で、階級的な高邁さを示しています。

語彙：fling 放り投げる

imaginative reading

"Here! You may nurse it a bit, if you like!" the Duchess said to Alice, flinging the baby at her as she spoke.

Oh, no! Quite dangerous!

"I must go and get ready to play croquet with the Queen,"and she hurried out of the room.

It is true the Duchess is quite arrogant, but these kinds of behavior seemed to be done because these kinds of behavior were sometimes performed customarily by high society people.

In other words, it means it is considered that this arrogance was performed customarily, being supported by the level of the third personal and non-personal pronoun.

The cook threw a frying-pan after her as she went, but it just missed her.

No one must throw frying-pans.

安井訳に関して

（You may nurse it）の主語と動詞関係が見えず、目的語を三人称 it にした理由があるはずですが、この訳ではそれが示されていません。

　その他の問題としては、公爵夫人が部屋から出ていった行為と料理人がフライパンを投げつけた行為とが関係があるかどうかです。料理人が怒ってフライパンを投げたとすれば、ある面よく分かります。しかし恐らくこの二つは無

関係に起きたと思われ、この訳ではその事情が見えないのです。これに対して英文では、それぞれの固定観念にしがみつき、他のことは無関係だとして、それぞれの利害に生きる人たちのことが三人称性次元のこととしてしっかり描かれているのです。

原文⑦

Alice caught the baby with some difficulty, as it was a queer-shaped little creature, and held out its arms and legs in all directions, "just like a star-fish," thought Alice. The poor little thing was snorting like a steam-engine when she caught it, and kept doubling itself up and straightening itself out again, so that altogether, for the first minute or two, it was as much as she could do to hold it.（以下略）

定点　三人称性に則した表現と剛構造性について

Alice caught the baby with some difficulty,

アリスは、赤ん坊を<u>苦労のすえに抱きとめました。</u>

下線の部分は、「何とか抱き留めた」「すんでのところでつかんだ」などというように変化し、「日本的な状況」が生む理解に変質しています。

英文でも、「三人称性の世界の出来事１」から抜け出るにも、the baby を世話することは難しいもので、扱いなれない様子が中正的に表現されています。また、次の文です。

The poor little thing was snorting like a steam-engine

when she caught it,

　かわいそうにこの小さな赤ん坊は抱き留めた時には、蒸気機関車のように鼻をブーブー言わせていました。

　SV と SVO の文型と、その関係ですが、これが消されています。

英文と訳文の例
・The poor little thing was snorting like a steam-engine

　これを、「かわいそうにこの小さな赤ん坊は蒸気機関車のように鼻をブーブー言わせていました」と訳すと、違和感が減るように思えます。得体のしれない物そのもの、という感じが減るのです。情的な理解のみが優先して、客観的な理解がなされないということです。

訳読の副作用
　訳読されると、英文が担う中正性が消されるのは確実です。

key sentence
Alice caught the baby with some difficulty,

　学習者は、主語と動詞のある文が担う概念性に敏感であるべきです。

　語彙：star-fish ヒトデ　snort 鼻を鳴らして不満を表す kept doubling itself up 二つ折りにする　hold つかんでいる

imaginative reading

126

Alice caught the baby with some difficulty, as it was a queer-shaped little creature, and held out its arms and legs in all directions, "just like a star-fish," thought Alice.

But I don't like star-fish.

The poor little thing was snorting like a steam-engine when she caught it, and kept doubling itself up and straightening itself out again, so that altogether, for the first minute or two, it was as much as she could do to hold it.

Is a little baby like a steam-engine? I don't think so.

安井訳に関して

パラグラフの最初の２行の英文では、「抵抗します」と訳されています。どうしてこのような表現をしたのでしょうか。the baby のわけの分からない行為を「抵抗します」と解していいのでしょうか。これはただ丁寧な言い方に見えます。これに対して、（The poor little thing 〜 when she caught it の poor）は「かわいそうに」と訳されています。単に感情的な表現でいいのかということです。一般的には、thing という中正的な三人称に属するものと一緒に使われていれば、既定的な表現として習慣的にそのような見方がされていた可能性が大きいわけです。そして、（The poor little thing kept doubling itself up and straightening itself out）での訳の主語と動詞関係がよくみえないようです。

（hold it の it）ですが、目的語 it へ的確な意識が届いていないようです。

想像的な音読って？

　ポイントは、英語がどのような言語の在り方をする言語かに気づくことにあります。これとともに、母語である日本語と、どこがどのように違っているかです。

　母語のあり様と比較して、英語の在り方が示す感覚はどのようなものであるかに気づくプロセスを大切にして音読することです。気にすることは、英語という言語と日本語の基層のあり方です、両者のあり方の違いがどのようなものかを感ずるべく、想像力の発揮が求められるのです。

　英文構造が持つ意味について、想像性を働かせながら、声を出し、呼気に気を配り、子音のつながりに配慮して、何度も読むことです。<u>はっきりわからない箇所があれば、何度もそこへと戻って読んでみることです</u>。構造の特徴をきっかけにして、類推も働かせることです。

　日本語の感覚をちょっと気にしながらも、それを背後に押しやって音読すれば、英文が運ぶそれぞれのメッセージ（イ）がどのようなものか、そして、その言語が持つ在り方がどのようなもので、その感覚とはどのようなものとしてあるか（ロ）を、把握することができるようになるわけです。

　それには想像し、類推することです。そのことで、英語の感覚が示す姿にせまって、それについて、それが、どのようにイメージし得るものか、それとも、どのようにしてもイメージ化しにくいものなのか（ハ）が、見えるようになるのです。そしてそれが、いかに日本語が示す姿と相違しているかをイメージすることです。

　英文が示す姿をイメージするとは、すなわち、ここに指

摘した（ロ）と（ハ）に支えられることで（イ）のメッセージを明確な形で把握することです。

　次の英文は『不思議の国のアリス』一章の冒頭部分です。

> ALICE was beginning to get tired of sitting by her sister on the bank, and of having nothing to do: once or twice she had peeped into the book her sister was reading, but it had no pictures or conversations in it, "and what is the use of a book," thought Alice, "without pictures or conversations?"

　この６行を声に出して何度も読むことで何を感ずるでしょうか。

　"ALICE was beginning to,""her sister was reading," "it had," "thought Alice," など倒置を含め「主語・動詞」のペアがあります。三人称代名詞もいくつかあります。

　たとえば she had peeped into the book での she は、そのように言う一人称があるはずですが、それは誰でしょうか。ALICE でしょうか。しかし、ここではその ALICE も三人称です。

　そして、"get tired of sitting," "on the bank," "having nothing to do," "once or twice," "peeped into the book her sister was reading," "what is the use of a book" に見るように、構文や熟語があり、on や to や into などの、前の語と後ろの語などをしっかり結ぶ働きをする「関節とされるもの」があります。

関係代名詞もまた関節の一つです。この６行の後に次の英文が続きます。So があるのは、この６行と後の英文は何らかの形でつながっているからです。

　　So she was considering, in her own mind (as well as she
　　could, for the hot day made her feel very sleepy and
　　stupid),

　このことは、英文とは、「主語・動詞」のペア、三角形としてある人称性、いくつもの関節などやその他で、しっかりとつなげられているものであることを示しています。さらに、いくつもの文が結び合わされて、論旨が一筋の長い実線としてつながっています。しかも概念性・普遍性を要求してつながっているのです。

　このため、その実線性としての英文に、人々は論理明晰に各種の分析を期待しますが、そこではしかし、人々の自由なあり方を拘束し、切断することが多々あるのです。このことから考えて一般論として、日本人としても英文理解には次の三段階が考えられます。

　下に示す、①から③です。学習者は一応日本語の使用に慣れているわけですから、不明な語句などについては、どれだけ辞書などを使用して、それらの意味を調べてもいいのです。また、分からないことはすぐに調べる方がいいのですが、しかし①の段階として、英文の訳が可能だとされていますが、英語本来の姿を求めたければ、それをやめることです。その代わりに、一切日本語に訳さないで、②と

③の段階を経て英文をキャッチし、習得することです。

① 文科省お仕着せの構造文の翻訳による理解
② 既成の「言語構造」とそれに限定された在り方に即した英文を、類推しつつ、英文のままに理解することです。しかし大事なのはここで学習の完成として終わりにしないことです。
③ 既成の「言語構造」とそれに限定された在り方の把握に終わらず、それらの英文を参考にして、それが示す中身を学習者が自由に改変し、そこで、保守的にしても革新的にしても、自分なりのしっかりした価値観を立て、「人間の言語」として堪え得る英文の創作をすることです。

　まとめれば、①では、日本的な要素にすっかりゆがめられていて、自由な英語にはならないと認識することです。しかし、②と③の段階では、日本語は、英語と日本語の質的な相違点を含めた比較に用い、訳のためには使用しないようにし、かつ英語と日本語を分かつ狭間へ新鮮を想像力をフルに注ぎ込んで、英文を解析し、つくることです。
　ただ学習のプロセスで、分からない単語や熟語、文法、言い回しなどの意味を何度も反芻して、日本語で理解することは不可欠です。
　もう少し説明してみましょう。

① 文科省お仕着せの構造文の翻訳による理解
　文科省によって強いられた着物を着て満足することであ

り、そのため、このことは日本文化に色づけられ、日英が逆のあり方をしているため調和を欠いた穴だらけの洋服で満足することに等しいものです。

② 既成の「言語構造」とそれに限定された在り方に則した英文を、類推しつつ、英文のままに理解することが基本ですが、さらに言えば次のようになります。

　日本人の学習者から見たこの学習法では、既成で硬直した在り方に向かうものですが、日本語から解放されたものであるため、人々は一面では新鮮な切れ味のある乗り物に乗って、各種の作業をすることができます。そのためのアプローチとしては、「英語のがっちりした骨格」が物語るものに則して、考え、生きる姿勢を獲得することです。「英語の骨格」には、どのようなものがあるかと、一つ一つ推測し、それらのつながりを思い出してみましょう。ここでは、既成の言語に則しているので個の在り方が刻み込まれることになります。

　ただ、十分に気を付けるべきことがあります。それは、英語は「剛構造言語」であることに理由があるわけです。そこでは、概念主義的なその在り方が主人として働いています。その点で、皮肉なことに英語は、そこに人々を閉じ込め、身動きできなくさせる力を持っているのです。たとえば、対立する党派間の勝利、戦争における勝利があります。勝利感を味わうことに伴う代償は、自らの人間のみならず、対立し合う双方の人間を傷つけることです。そんな

地獄をも用意しています。このことは、つまり、勝利感で
なく、対等であり、共生がより重要ということを示してい
ます。常に勝利が志向されて人々が切り捨てられているこ
れまでの歴史があります。この格好の例が、歴史的には無
数に見られますが、近年に見られるアメリカの共和党と民
主党の熾烈で不毛な対立にも見られるのです。

既成の三人称性次元のものか否か

　ポイントは、ほとんどの英文は、いくつもの法律や諸規
定が it「既成の在り方」という形に基づいて普遍化され、
そのような硬直性に則して運用されていることです。つま
り英文においてはそこで、人々のいろんな自由な発想が保
障される形でつくられていて、彼らがそれに則して行動す
ることができるのです。この次元で、一定の金融システム
がつくられ、それに見合った形で対外貿易も刺激されてい
くわけです。

　しかし同時にまた、それら諸規定がその運用の仕方によ
りますが、it という形式に集約され、拘束されてしまえば、
各種の不当労働行為や日雇い労働者の切り捨てなどが横行
して、人々への締め付けが大きくなるのです。この危険性
に気づくか否かです。

　英語において構造は、既成の三人称性支配を物語る三角
形としても表れています。そのため、一つの大きな問題は、
学習者が扱う英文がこの三角形の内側にあるものと感ずる
か、それとも、その支配から免れた外側にあると感ずるか
です。

③ 既成の「言語構造」とそれに限定された在り方の把握に終わらず、それが示す中身を学習者が自由に改変し、そこで、保守的にしても革新的にしても、「軍人や警官や教会人などが習慣的に用いる表現の仕方」をはなれて、それぞれの既成の在り方に執着せず、各々が自分の内に見出す人間にとっての価値観を立て、「人間の言語」として堪え得る英文の創作をすることです。

　一般的には、人々は既成の「言語構造」に基づいて英文を組み立てています。がしかし、求められるべき英文は既成の「言語構造」を使いながらも、そこに相反する価値観を立て、その意思をつくることができることです。
　その英文は、たとえば男尊女卑という在り方に対して、否！という意思を表明すべく、既成の価値観に対して男女平等という新しい価値観に基づいてつくり上げられなければなりません。求められるべき英文とはそのような仕方で、あくまでも人間個々の主体性の問題に引き付け、その内面で反芻してつくり上げられる人間言語のことです。
　やっかいなことは、既成の「言語構造」は過去的な産物であり、そのままでは否応なく「言語」が主人ということです。それをいかに克服するかです。「人間の言語」とは、主人である「言語」を、そしてその硬直性をさらに肯定する形で補強して用いられる「キリスト教の諸理念」を、人間個々がその生き方次元で引き受ける際、その人なりにつくり直して、人間が主人の言語へと質的に改変するところに生まれるものです。
　ですから、ここで新しく生まれる言語は、保守的でもい

い、人間を生かす方向へと発展すればいいのです。そして、人間の共生を求めて革新的にもラディカルにも発展させていくべきです。あらゆる可能性を持った言語へと進展します。人間を生かす言語として、種々の対話が共生を求める振る舞いを生む仕方でつくられればいいのです。

　しかし残念ながら多くの場合、人々にとって、その既成の「言語構造」の外に出て、それに対抗して彼らの思想を構築することが、きわめて難しいわけです。しかも対立しあう二人、または二つの集団になってしまうと、既成の言語を背景に、同程度の力と能力を誇示することに終始してしまい、余計に敵とみなす相手に弱みを見せたがらず譲歩もしにくいのです。かくして、いろんなところで、血みどろの戦いが繰り返されてきているわけです。

　そのことに、地域的な利害、キリスト教の教団理念、生活習慣などが背景に組み込まれ、さらにその他の既成の価値観に生きる両集団であれば、一層その直系を主張して、それらの伝統を自認し、こだわって引かなくなるのです。この一例を、アメリカの人種問題や銃所持のこだわりに見るわけです。多くの場合、伝統を正義として相手を潰すまで戦ってきています。そこには、既成の言語を背景にしての戦いだからという要素が大きいのです。

　人々はそのような既成の価値観の僕（しもべ）とされ、そのことに気づかなければ、その支配から抜け出ることができません。その結果、戦争をも厭わず、その愚かさが見えなくなるのです。戦争によって、人々を殺し、市民の安定した生活を壊して、後から後悔はするのですが、それでも懲りないの

です。

　これが、既成の価値に閉じてしまえば、これに従ってどのように真剣に思考しても、それを修正することができなくなる愚かさであり、英語に類する剛構造言語の陥りやすい運命でもあると考えられるのです。今後、彼らは、この愚かさ、怖さをどのようにして解決しようとするかです。これは、この種の剛構造言語を母語にして生活している人たち（教団ごとにつくられた救いの原理を至上とすることで、救われたと自認する教会人たち）自身に課せられた課題というべきです。これまでについて言えば、多くの場合、人々は自身が正当だとしてただぶつかり合うのみで、本当の解決から逃げてきています。この解決は英語を母語として生きている彼ら自身に課せられた十字架なのです。

5. *I have a dream.* を音読する

　最近再び話題となっているマーチン・ルーサー・キング牧師の「私には夢がある」（1963.8.28）を読んでみましょう。
　その際、キング牧師の夢をすくい上げ、解決する上で、概念基本の英語がどのように働けば良いか考えてみましょう。

These passages are taken out of "American Rhetoric."

READING

　　I am happy to join with you today in what will go down in history as the greatest demonstration for freedom in the history of our nation.

Five score years ago, a great American, in whose symbolic shadow we stand today, signed the Emancipation Proclamation. This momentous decree came as a great beacon light of hope to millions of Negro Slaves who had been seared in the flames of withering injustice. It came as a joyous daybreak to end the long night of their captivity.

But one hundred years later, the Negro still is not free. One hundred years later, the life of the Negro is still sadly crippled by the manacles of segregation and the chains of discrimination. One hundred years later, the Negro lives on a lonely island of poverty in the midst of a vast ocean of material prosperity. One hundred years later, the Negro is still languished in the corners of American society and finds himself an exile in his own land. And so we've come here today to dramatize a shameful condition.

In a sense we've come to our nation's capital to cash a check. When the architects of our republic wrote the magnificent words of the Constitution and the Declaration of Independence, they were signing a promissory note to which every American was to fall heir. This note was a promise that all men, yes, black men as well as white men, would be guaranteed the "unalienable Rights" of "Life, Liberty and the pursuit of Happiness." It is obvious today that America has defaulted on this promissory note, insofar as her citizens of color are concerned. Instead of honoring this sacred obligation, America has given the Negro people a bad check, a check which has come back marked "insufficient funds."

But we refuse to believe that the bank of justice is bankrupt, We refuse to believe that there are insufficient funds in the great vaults of opportunity of this nation. And so, we've come to this check, a check that will give us upon demand the riches of freedom and the security of justice.

We have also coming to this hallowed spot to remind America of the fierce urgency of Now. This is no time to engage in the luxury of cooling off or to take the tranquilizing drug of gradualism. Now is time to make real the promises of democracy. Now is the time to rise from the dark and desolate valley of segregation to the sunlit path of racial justice. Now is the time to lift our nation from the quicksands of racial injustice to the solid rock of brotherhood. Now is the time to make justice a reality for all of God's children. （以下略）

READING ALOUD
以下にある指摘に注意して、音読してみましょう（なお、

行頭の数字は便宜的なものです）。

(1) I am happy to join with you today in what will go down in history as the greatest demonstration for freedom in the history of our nation.

I am happy to join with you today in what will go down in history

この what will go down は、in の後にあることから見て、名詞の働きをしています。このことを意識して音読しましょう。

ここでは、I と you とは、what will go down in history に、join in する者としてあるのです。歴史という三人称性の次元に参加する者として I と you はあるわけです。この you にすべての人たちが入って、これからの歴史をつくり上げてほしいと願われています。これは、この意識が基本で展開されているスピーチということです。三人称性としての出だしです。

(2) Five score years ago, a great American, in whose symbolic shadow we stand today, signed the Emancipation Proclamation. This momentous decree came as a great beacon light of hope to millions of Negro Slaves who had been seared in the flames of withering injustice. It came as a joyous daybreak to end the long night of their captivity.

A great American signed the Emancipation Proclamation (1863.1.1).

この英文は史的に認識されている三人称性次元のものです。以下の表現も史的な認識です。

in whose symbolic shadow we stand today (1963.8.28),

ここにあるように、リンカーン記念堂の前でキング牧師が演説しています。

as a great beacon light of hope to millions of Negro Slaves

この表現での a great beacon light of hope は、人々を導くもので、明るい未来を開くと思われる三人称性の在り方をするものと見られます。

It came as a joyous daybreak これも、三人称性に則した主語と動詞の形で実現するとされています。

(3) But one hundred years later, the Negro still is not free. One hundred years later, the life of the Negro is still sadly crippled by the manacles of segregation and the chains of discrimination. One hundred years later, the Negro lives on a lonely island of poverty in the midst of a vast ocean of material prosperity. One hundred years later, the Negro is still languished in the corners of American society and finds himself an exile in his own land. And so we've come here today to dramatize a shameful condition.

四つの、one hundred years later, を受けて、And so

we've come here today が置かれています。

　We've come here の、we は、そういう歴史を背負わされた you と I のことです。ただの you と I ではないのです。

　キング牧師は、そのような事実の重みを、この集まりの外にいるすべての人たちにも感じてほしいと願望しています。

　　⑷ In a sense we've come to our nation's capital to cash a check. When the architects of our republic wrote the magnificent words of the Constitution and the Declaration of Independence, they were signing a promissory note to which every American was to fall heir. This note was a promise that all men, yes, black men as well as white men, would be guaranteed the "unalienable Rights" of "Life, Liberty and the pursuit of Happiness." It is obvious today that America has defaulted on this promissory note, insofar as her citizens of color are concerned. Instead of honoring this sacred obligation, America has given the Negro people a bad check, a check which has come back marked "insufficient funds."

　they were signing a promissory note to which every American was to fall heir. この英文の they とは誰のことでしょうか。

　all men would be guaranteed the "unalienable Rights" of "Life, Liberty and the pursuit of Happiness." この a promise が保障されていても、なぜに実現されないのでし

ょうか。

　また、America has given the Negro people a bad check, とありますが、ここでは、三人称の America が主語です。これは、憲法と独立宣言とが具備されていても、形式化しているためか、それとも、対立が厳しすぎるためか、劣化への硬直が続く故に、America 自体の体制が問われていることです。アメリカには逃れられない責任があるという意味の主語です。cash a check をと求めているのです。単に理念的に応酬し合うのでなく、実際的な対価を求めています。

(5) But we refuse to believe that the bank of justice is bankrupt, We refuse to believe that there are insufficient funds in the great vaults of opportunity of this nation. And so, we've come to this check, a check that will give us upon demand the riches of freedom and the security of justice.

But we refuse to believe that the bank of justice is bankrupt,

　この we refuse の we も、you と I です。歴史的にマイナスの負荷を強いられた you と I です。既成の在り方が問われる出来事です。日本人もこのように歴史的に強いられたマイナスがあるかないかを検討し、あれば、それぞれの問題点を意識していいはずです。

(6) We have also coming to this hallowed spot to remind

America of the fierce urgency of Now. This is no time to engage in the luxury of cooling off or to take the tranquilizing drug of gradualism. Now is time to make real the promises of democracy. Now is the time to rise from the dark and desolate valley of segregation to the sunlit path of racial justice. Now is the time to lift our nation from the quicksands of racial injustice to the solid rock of brotherhood. Now is the time to make justice a reality for all of God's children.

We have to remind America of the fierce urgency of Now. とあります。このため、四ヶ所で、Now is the time to が使用されています。

しかし、その後の歴史を見れば、状況は劣化の一途です。なぜでしょうか。各種の書面を飾る既成の概念がこの真摯な求めを店晒しにしているのです。

つまり、Negro people を追い出して是と肯定する「その場を繕う既成の概念」が白人たちの頭にあると思われます。それに居直ってどれだけ形式的な議論をしても、そこでは、新しいあり方をする概念は上滑りするだけで、Negro people が対等のパートナーであるという意識は生まれないということです。

歴史的には、東部から西部へと異民族を収奪することによってその領土を拡張して肥大したアメリカ、という側面を色濃くもっているわけです。そのような背景を拭えない階級性、もしくは選民性の高い言語であり、キリスト教であるとともに、この二つによって再生産された意識です。

このことが白人たちの基礎をつくっているわけです。

　ここでは、白人たちの内面に蓄積されてきた Negro people への意識を、それぞれの主張のやり取りを通して、どのように和解していくかがポイントです。

　言い換えると、白人たちの内面に蓄積された Negro people は売買された存在だという感情をどのように払拭するかがさらに大きな問題です。

　このことはすなわち、Negro people の内面に刻まれた、売買されてこの地に運ばれ、酷使されていたことで持つに至った憎悪感が巨大だということです。

　激しくぶつかり合うこの二つの煮えたぎる感情の流れを、概念基本の英語がすくい取る力をどのようにして発揮するかです。

　多数の奴隷売買がなされ、それが白人の生活を豊かにしてきたという歴史から見れば、白人がまず問われる者としてあるわけです。この一点にまでさかのぼって議論をはじめられるかどうかが、それ以降の複雑な差別的な出来事も含んで議論するカギであろうと思われます。

　もしキング牧師から you と問いかけられていると仮定すると、私たちはどのように対応すべきでしょうか。

Ⅲ．解説・英語が鋭角性を持つ根拠は何か

1．訳読式を含めた日本的な枠組みの学習からの解放と日本語との対峙

A．日本的な枠組みの学習からの解放

　聞く、話す、読む、書くという英語の4技能の練習を通し、その技能的な熟達に終わることなく、英語の一定の思考方法を身につけることが大切です。そのためには、日本的な枠組みに即してなされるのではなく、その拘束から解放されて、つまり、その拘束と対峙して練習することが基本です。それ故に、以下の、（1）と（2）との二つの在り方に基づいて学習されるように配慮することです。

(1) 三人称性に基づく活動（人称・非人称の三角形としての在り方）
(2) 剛構造性に基づく活動（これはたとえば、五文型や接続詞や関係代名詞などがつくる在り方です。広くは、ソシュールのラングとパロールとしてある世界です）

　その具体的な方策としては、訳さないで英文を理解し、

その在り方を把握することが基本です。しかし、そのプロセスにおいて、分からないことが出ますから、一時的に、いろんな人が試みた訳を参考にしたり、自分なりに日本語に訳してみる方がいいのです。ここでは、英和・和英辞典とともに、英英辞典を脇に置いて調べると良いようです。そうすれば、相違がはっきりします。この３つの辞典を重宝したいものです。

　英文を英文として理解する段階で、その日本語訳を振り捨てることです。そして、前述の、（１）と（２）との在り方とはどのようなことかと想像的に思い描いて、把握し直すことです。それでは、次の英文を、（１）と（２）の観点から見直す形で検討してみましょう。

　まずは、The Tiger（William Blake, 1757-1827）という詩です。

　　Tiger! Tiger! burning bright
　　In the forests of the night,
　　What immortal hand or eye
　　Could frame thy fearful symmetry?
　　虎よ　夜の森の中
　　あかあかと燃える虎よ
　　不滅のいかなる手が　目が
　　おまえの怖ろしい調和を作りえたのか
　　　　　（安井京子『音読して楽しむ名作英文』pp.188-189）

　Tiger と呼んで、直に対しているように見えます。訳で

は「主語と動詞」とペアにされているようです。しかしこれはある状況の一断面であって、三人称性が不明確です。英語ではそれが三人称で表現され、この詩の位置が三人称性次元であって、恐らくは「二人称・一人称」のどれをも徹底的に寄せ付けない野生の怖さが伝わって来るようです。この相違は何を示しているのでしょうか。日本語では「二人称・一人称・三人称」の三角形の関係がぼやけていて形式的にしか使われませんから、訳での「主語と動詞」関係は形式を整えただけのようです。

　また、your ではなく、thy とされ、韻を踏み、英語では二人称と一人称とは相互に直接向かい合った緊張した関係にあるため、所有格が虎の威厳を出しています。また、最後の疑問を示す文「おまえの怖ろしい調和を作りえたのか」は「作りえたのだろうか」などとも言え、訳になると安定形式ではないのです。英文では韻を踏んでいる箇所があるのに、訳ではそれが見られません。また、hand or eye could frame の「ともに安定形式の、単数主語＋（助動詞＋動詞）」のペアが示す起動性の強さは訳に出ていないようです。ブレイクは、三人称性次元で動いて、人を寄せ付けないほどに孤立した一頭の虎の恐ろしさを伝えたかったと思われます。

　次の問いは、何故英文のままに理解するのが良いかです。このことについては、学習者としては、具体的に把握して確信を持って進む必要があります。これについては、すぐ後のＢ項で説明します。

　ここでは以下のように指摘しておきます。つまり、この

やり方による方が英文理解が容易であり、ストレートに理解できます。そうすることで、学習者が自身の両足で立つことができ、己を日本的なしがらみから解き放ち、自由に立てるのです。それはこれまでの自分を立て直すことです。そのことで、この現実社会に自らの意思で向かえます。

B. 英語のままに理解する学習の意味

「英語のままに理解する」、これは日本語の枠組みの拘束から解放されて学習し、英語を理解することを示しています。

たとえば英語という言語があります。それ故に、その言語の仕組みと、そこに生まれた人たちが基づく英語が示す在り方があるのです。例としてここで、倒置も多々ありますが、一応語順がコンスタントに配列される五文型を挙げます。それが持つ概念性を、そしてS+V（主語＋動詞）が担う起動性を考えてみましょう。そのような在り方から栄養を得て、日本人もそれによって自分の在り方を育てる試みをすることができます。

その在り方を参考にして学ぶことは、自立した人間としての姿を獲得する点では大変重要です。そのことでまた、海外の諸民族との共生の実現をさらに可能にすることができるのです。

例えば、次の例文について考えてみましょう。

He took a glass from the shelf.

彼は棚からコップを1個取った。

　このように日本語に訳せても、英語を理解した、としてはならないのです。ある辞書にある、この訳による英文理解はとても良いように見えます。

　それで、近年この訳をテコに「実践的な英語学習」に拍車がかけられています。早期英語学習が有効として、これが小学校の低学年の児童に提供されています。しかし、listening や speaking を取り上げても分かりますが、それを中心に児童に指導すれば、母語と英語との間の、子音や母音の発音の違い、名詞の単複の理解、動詞の語尾の違いなどで、まず母語の秩序が乱れ、混乱してしまうのです。

　近年クラスによってですが、早期教育で、日本語を使わないで教える方式を取るべきと言われています。そうすると、どれだけ英語を聞いて、どれだけ英語で説明されても、子どもには分からない印象のみが残るわけです。

　母語の定着を阻む、低学年の子供たちへのこの種の指導はきわめて危険です。

　これとともに、訳し方に重点を置いた指導があるのですが、訳中心の理解の仕方での学習が、これまで英語への興味を大きく減退させてきています。実際、前述のように訳して理解したら、いろんな場に合った種々の訳を考えることになり、訳の練習にしかならないのです。一例として、日本人の間では「尊敬・謙譲」を表す言語表現があるのです。ということは、このことを念頭に置かないでは言語は一言も出ないということです。

　このことが、日本語は英語と相反する在り方をする言語同士であることの一つのしるしなのです。

　すなわち、ほとんどの人々は気づいていないかもしれま

せんが、英語学習とは、本来、日本語と相反する在り方をする言語について学ぶものであるということです。そのため、訳読法による学習では、学習者の日本的な内面が歪められながら、かつ英語が本来持つ概念的な在り方が無視され、平板化して進められているのです。

拘束の一例

たとえば、今は亡くなってもうおられませんが、その方はかつて数人のちょっとした集まりで次のように言われたことがあったのです。その人は、ひょんなことから（その方の先生に当たる人が話の対象になって、その時そこにはおられなかったのですが、その先生のことについて）、「指導してもらった先生に向かって you とか、he とは、とても言えません、恐れ多くて」と真面目に言われたのです。脇でこれを聞いた筆者は内心とてもびっくりしてしまいました。予期もしないそんなことがあったのです。

英語を喋るのがとても上手い人でも、そうなんだ、と思わされたのです。筆者にはそのことがいろいろと考えるきっかけになり、その後も複雑な思いを引きずる原因になっています。とにかく、日本的にはいろんな感情を使い分けて接しなければならないというのは常識となっているわけです。

一つはこのことが、日本人は訳読式にこだわり、「英語の使い手を養成するプログラム」において達人になっても、その達人すらが日本語発想の英語学習から一歩も抜け出られないで思考して平気な所以です。二つはこの故に、本来の英語を見つけ、それをマスターして、新しい生き方をす

ることへと質的に一段引き上げて、そこへと進む勇気を日本人は持てないのです。多くの場合、本来の英語を見つけるその手前でビィビィ言ってしまうのです。

とすれば、英語は所詮「便利な小道具」でしかありません。言い換えれば、偽物なのです。英語は基本的に、人間の生き方を左右する本物にはなり得ないからです。

既定性に沿うか対等か

日本語は日本人に、普遍性に基づいた座標軸を持たせるように働くことは少ないのですが、日本人でも英語を英語のままに学べば、それは可能となります。

つまり、英語という言語では、それが人々に強いる既成の構造性があって、それが当然なものとして働いています。そのため、英米人が、いろんな人たちと対等に共生することを求める「共生軸」を獲得することを望むならば、既成性の支配という事実があるにもかかわらず、それを克服して、共生軸を獲得できるのです。そして日本人もまた、既成の在り方に的確に抗して生きるならば、彼らの人生を確実に方向づける指標になり得る座標軸を、英語は植えつけてくれるのです。

振る舞い

もう少し言えば、一般的に、英語では、you とか he が使われています。you や he を使っても、その人が先生であれば、振る舞いの上で、敬意や敬愛を示すことです。たとえば you とその先生に向かって言っても、振る舞いの

上では丁寧に行動すればいいのです。

　つまり、敬うとは、本当の意味で he の中身に感じ入って、それを振る舞いで示すことが、基本です。

　しかし大概は、英語という言語が持つ既成性や硬直性に押し切られて、自分がどのように礼儀正しく振る舞っても、残念ですが、対応するその人によって権威的に、または、差別的に返されて当たり前とされやすいことも多々あるのです。

人称・非人称性基本の英語

　英語では基本的に、先生である人に対しても会話の中で he や you が使われています。

　しかし日本語では、すべてが心情に包まれて生き生きするような、自然に包まれた現実があって、そこでは「先生と学生」などというような上と下という関係の違いを大切なものと把握して、自分を引き下げて対することを美徳とし、その人を「先生」と呼び、一体性を感じて生活しているのです。そのことは、人称性や非人称性をぼかし、さらには無人称化して、つまり、言語次元と違った別の自然世界に育まれた、心情を重なり合わせ、その先生が開いている内輪の集まりに一定の位置を占めることを誇りに思う習慣などが普通とされます。

　ですから、次の方式を取ろうとすることは、日本人には極めて抵抗があるのは事実です。

　すなわち、日本人が英文を学習し、理解するとは、先生と学生の違いという、美徳とされる上下がもともとあると

されていても、それでもなお、英文中ではhe を he と置き理解し直し、you には you と置き、理解し直す学び方を英語の学習とする、という方式がちゃんとあると認識すべきです。

そうです、he を he と置き、he というものを理解し直す、そんな英語を自分のものにしようとすることは、日本人には大変ハードルが高く、越えがたいのです。

you が使われている概念文次元でも、限りなく差別的な行為が繰り返されるという問題や現実がありますが、それでもなお、そこに概念文が確固としてあるのです。本来の英語学習をするには、この概念文から、この概念文が持つ歪みから降りてはならないのです。

つまり、そこから降りて、概念文とは無関係な、その外の具体的な次元へと浸かって、その人を先生と言い、自分をへりくだらせ、英語の人称性を消して一体化し、一つの場に置いて人を理解することは決して本来の英語ではないのです。

普遍原則の文化

英語の足し算についてはどうでしょうか、英文では、One plus two is (equals) three. や One and two make three. のようにいわれます。

日本語ではこれに対して、1足す2は3といいますが、1に2を足すと3です（である、でございます、など）ともいいます。1に2を加えて、3とイコールになります、ともいいます。

is や equal などの英語の動詞は「です、である」などと

違って、現在形であれば変化しないのです。ですから、英語は、良くも悪くも、歴史的に普遍性の文化を生き得ているのです。つまり、英語構造に則して、それを受け皿として働く内面性がつくり上げられています。

心情性に呑み込まれる普遍軸

歴史的に見ても日本人は、皮膚感覚や情の働きの中で、算数や工学などを含め、英語も、学んできているのです。I am a student. も、学生だ、学生でございます、などと訳していいのですから。

これでいいとされてきたのです。ですから、日本人は、どれだけ英語を学んでも、英語という剛構造言語の広がる普遍性の世界は理解できないのです。実践的な英語の習得でも、訳読法による英語の習得でも、ともに日本語の土俵の内のものです。その土俵の内に寝転んでできるものです。

しかし問題は、本当にそれでいいのかということです。英語に生まれた人たちは、日本人も英語を学んでいるのだから、日本人も彼らと同じような内面を持って生きていると思っていると、思われます。そのように誤解させたままでいいのでしょうか。しかし、日本人はそんなことにはいささかも頓着していないようです。ということは、このままでは少なくとも日本における民主主義（主権在民の思想）の定着は限りなく後退していくだけです。

いかに問題が生じても、それでも、意識するしないにかかわらず、「尊敬・謙譲」を念頭に置かなくては一言も発言できないのが日本です。そのために、人によっては「その方は棚からコップを一つおとりになった」と訳さなくて

はならない場合と、そのように訳したらおかしい場合とがあるのです。

　この点では、日本語の訳は、その場に応じて、表現としてはつねに揺れていることが良いことで、自然で好ましいとされているのです。このことはつまり、数学的な発想力や共生への想像力などの、**普遍軸の実質的な定着は形骸化され続ける**ことを示しています。

二つの座標軸

　日本語に訳して理解すると、次の二点が、つまり、**英語が英語であるために必要な二つの座標軸**が、見えなくされるという欠陥があるのです。

① 一つは、概念でつくられた安定形式の英文構造です。それが定着している普遍的とされる**剛構造性**が消されていることです。（英語では、このことを意識していなくても、多くの場合人は既成性の内の、ある観点に立つことを求められています。）

② もう一つは、これも肝心なことですが、人間の内面に働く英文についての普遍的な認識を支える、「二人称・一人称・三人称から成る三角形」に基づく**三人称性**も消されていることです。

　後者の②でいう三人称性は、次の働きをするものです。
　それは、英語を使用してつくられる社会や国家や組織は、サッカーや絵画や作曲などを含め、それぞれに応じた三人称性を起点にして、それぞれの価値観に則して構成され、

運営されていることを示しているわけです。

　この点で、たとえば国家を運営する中心をセンターとすれば、そのセンターを「一人称」とし、それによって管理されているセクションにいる人々を見ると、その人々すべては「三人称」として配置される、ということです。

　この理解の仕方については、②運営・管理の三角形（p.75）を参考にしてください

　それでは、①の英文構造を考えてみましょう。そこで、単数三人称代名詞「he」と過去形「took」の関係を想定してみます。

　英語では「尊敬・謙譲」などはありませんが、仮にそんな状況の変化があったとしても、英文の表現としては他の形や表現に変えられることはないのです。このことを安定した普遍的な形式といいます。この安定性が英語にその言語特有の在り方をつくる一つの根拠です。

　英語では、①と②の二つの座標軸がともに、形式が揺れず、安定して構成されていることが基本です。つまり、**概念的な構成の仕方と三人称性に基づく枠づけが実現されている**ことが、英語が硬直した在り方をする言語である一つの根拠なのです。

　しかし、日本語に訳されるとその二つの座標軸がともに消されてしまうのです。きれいになくなります。本来、この二点のペア関係が持つ在り方を学習者のものにすることが英語の学習なのです。

表現の安定性

　ですから、この在り方を学習者のものにすることができないのに、それでも、英語を使っている、と主張することは、世界の人たちにも日本人自身にも、日本人は英語を使っている人たちと同じ言語次元に生きていると公言していることと同じなのです。

　先に取り上げた英文とその訳文に戻ってみましょう。この訳文が日本文においてもつねに安定形式を維持してつくられるならば、これは概念基本的な表現だと見てもいいでしょう。

　　　He took a glass from the shelf.
　　　　彼は棚からコップを1個取った。

　しかし先に指摘しているように、人によっては「その方は棚からコップを一つおとりになった」と訳さなくてはならない場合と、そのように訳したらおかしい場合とがあるのです。日本語的にはたえず揺れている方がいいのです。「彼は棚からコップを1個取った」という訳は揺れを許容してある、ということです。向かう人が違えば、言い方もそれに従って変わるのが日本語です。つまりは、①の在り方は日本語の世界にはありません。揺れるとは、日本人の間では、言語の外の世界の「尊敬・謙譲」関係や「肌合い」関係が人々を支配している証拠です。親しいかそうでないかの違いなどで表現が変わるのです。

　暗黙の形にですが、いろいろな肌合い関係や、それぞれの人たちが従わなくてはならないとされている、言語の外の世界が、主人として働いているのです。また、そこにお

いて「尊敬・謙譲」関係も圧倒的に人々を支配しているということは、そこには対立する、言語次元の三人称軸が存在せず、上記②の三角形もないのです。

　以下は、日本人の間に普通に見られる言語表現です。その言語表現を a. から f. の形で分けるとすれば、これらはすべて言語の外の世界が主役として支配しています。各性の変化に素直に従い変形され、現れ出ているものです。とすればこれは、日本人の内面もまた、それぞれの表現に相当する a. から f. の形で揺れているということです。これを**「風のモード」**とします。

　　a．中正表現（標準語・共通語・論理基本的に積み上げた表現）―― 一定の基準に従わせ、きちんとした配置を求める風が吹く環境で可能とされます。
　　b．日常表現（標準語・共通語の一部）――リラックスし、互いに配慮し合うことを求める風が吹く時と場で可能となります。
　　c．和歌や短歌や俳句の言語―― 一定の字数へと縮約してある思いに集中することを求める風が吹く時可能となります。
　　d．無数の地域方言――各地域のそれぞれの色を着てそこに留まることを求める風が吹く時と場で可能となります。
　　e．その他の言語
　　f．日本語の一員となった英文――英語の形式に配置されるものの、そのように配置されるプロセスでは、

それに抗して働く無数の風もまた吹いているため、英文としては思いもしない方向に揺れる形で理解されるわけです。

たとえばこのように分けられます。ですから、中正表現で「彼は棚からコップを1個取った」と言ったとしても、つねにその人の内面は a. から f. のどれかの形で揺れているし、揺れる用意をしているということです。①の形で固定されることはないのです。

しかし、このことを認識した上で、あくまでも便利さのために、適正な日本語訳を考えてみるのも良いかと思われます。

揺　れ

この揺れについて、次の物語（*Anne of Green Gables* by Lucy Maud Montgomery, 1874-1942）について見てみましょう。

Marilla came briskly forward as Mathew opened the door. But when her eyes fell on the odd little figure in the stiff, ugly dress, with the long braids of red hair and the eager luminous eyes, she stopped short in amazement.

"Matthew Cuthbert, who's that?"she ejaculated. "Where is the boy?"

"There wasn't any boy," said Matthew wretchedly.

"There was only her."

He nodded at the child, remembering that he had never even asked her name.

"No boy! But there must have been a boy," insisted Marilla. "We sent word to Mrs. Spencer to bring a boy. "

"Well, she didn't. She brought her. I asked the station master. And I had to bring her home. She couldn't be left there, no matter where the mistake had come in."

"Well, this is a pretty piece of business!" ejaculated Marilla.

マシューがドアを開けるとマリラがさっさと出てきた。しかし、窮屈そうなぶかっこうな服を着て、赤い髪を長い三つ編みにした奇妙な少女が瞳をキラキラさせているのを見ると、びっくりして立ちすくんだ。

「マシュー・カースバート、それはだれなの？　男の子はどこ？」

マリラは声を上げた。

「男の子はいなかったんだよ」マシューは情けなさそうに言った。「いたのはこの子だけだったんだ」

その女の子をあごで指しながら、マシューはこの子の名前も聞いていなかったことを思い出した。

「男の子はいなかったですって！　だって男の子のはずでしょう」とマリラがさらに言い募った。「スペンサーさんには男の子を連れてきてほしいって伝えたんですから」

「いや、あの人は男の子は連れて来なかったんだ。この子を代わりに連れて来たんだよ。わしは駅長に聞いたんだ。それでこの子を連れて帰らなきゃならなかった。どこで手違いがあったにせよ、駅に置いとくわけにはいかんだ

ろう」

　「こんなことになるなんて、まったく」マリラは大声を
上げた。（安井京子、前掲書 pp.24-25）

　この日本語の訳を見ると、次のようになっています。
「〜いなかったんだよ」「〜この子だけだったんだ」「〜い
なかったですって！　だって〜のはずでしょう」「いや、
〜連れて来なかったんだ。〜連れて来たんだよ。わしは〜
聞いたんだ。〜帰らなきゃならなかった。〜があったにせ
よ、〜とくわけにはいかんだろう」

　これらの表現と語尾は、いわゆる、いろんな「揺れ」が
出たものです。これらの表現の訳によって、英語の「二人
称 vs. 一人称 vs. 三人称」の三角形の概念性に基づいた立
体性を崩して平気なものにされています。

　また、英文の近似値として、それぞれの英文に沿って、
各々の意味同士がつながれているのでなく、状況が翻訳者
に先に読み込まれていて、日本的な状況の変化や流れにつ
ながるように合わせられ、その場の成り行きが分かる形で
意味が配置されている訳のように思えます。これは、その
場的でご都合主義的な日本語での理解です。ということは、
英文の近似値というよりも、マリラとマシューの関係が、
情的な流れがスムースにつながり合えばいいという関係に
変えられていることです。

　「スペンサーさんには男の子を連れてきてほしいって伝え
たんですから」と訳されていますが、これは、単にその直
前の訳文、「『男の子はいなかったですって！　だって男の
子のはずでしょう』とマリラがさらに言い募った。」に対

応する訳にすぎないのです。このことは技巧的に配慮された訳に似ています。

「この子を代わりに連れて来たんだよ」も、前後関係の辻褄を合わせるためだけの意味的な対応処置です。

前述の英文で主語と動詞関係を見てみると、以下の下線を引いた箇所から分かるように、ほぼすべての文で「S＋V」が使われています。この関係を重いと見るか軽いと見るかです。つまりどのように見るかです。日本人はどうしてこの関係を無視してはばからないのでしょうか。

<u>Marilla came</u> briskly forward as <u>Mathew opened</u> the door.

But when her <u>eyes fell</u> on the odd little figure in the stiff, ugly dress, with the long braids of red hair and the eager luminous eyes, <u>she stopped</u> short in amazement.

"Matthew Cuthbert, <u>who's that</u>?" <u>she ejaculated</u>.

"Where <u>is the boy</u>?"

"There <u>wasn't any boy</u>," <u>said Matthew</u> wretchedly.

"There <u>was only her</u>."

<u>He nodded</u> at the child, remembering that <u>he had never even asked</u> her name.

"No boy! But there <u>must have been a boy</u>," <u>insisted Marilla</u>. "<u>We sent</u> word to Mrs. Spencer to bring a boy."

"Well, <u>she didn't</u>. <u>She brought</u> her. <u>I asked</u> the station master. And <u>I had to bring</u> her home. <u>She couldn't be left</u> there, no matter where <u>the mistake had come</u> in."

"Well, this is a pretty piece of business!" ejaculated Marilla.

　これまで見てきたように、英文では「普遍的な概念性」が原則的なものとされ、それに基づく発想が基本とされています。つまり、英語では、①と②という、いろんな状況によって変化しない在り方と三人称性のペアが組み込まれているため、発言に際してそれを正当化する根拠を示すことが求められる傾向が強いわけです。

　しかし、日本語では、先に述べた①と②（155ページ掲載）の概念的な安定性という面でのペアは働くことはありません。それは、種々のその時々に違う肌合い関係などの、言語外の具体的な世界が、言語構造を右に左にと揺らし、それを支配しているからです。

　これが、英語を日本語に訳して、英語がその意味が分かったとしてはならない理由です。

適正な訳

　それでは、現段階として、英文を忠実に受けて、「他の訳を許容することなく一つだけの翻訳でしのぐ」とすれば、主な部分ではどのような訳文がいいのでしょうか。それは少なくとも「日本語の多彩性に媚びない訳で」ありたいものです。それでもしかし、そのような適訳であっても、この適訳と剛構造性としての英文との間には、大きな狭間が広がっていることを忘れてはならないわけです。

　1）概念性を基本とするため単調な表現であってもいい

とし、万人が理解できる直訳、つまり、言語次元でのみ文構成をするものとすることです。

　＊しかし、この直訳表現を心がけても、なお分かりにくいものがあります。その場合は、直訳を補う注を付けて、理解を補う必要があります。

　２）万人とは、世界の各地に広がる外国人を含む日本人であり、可能な限り、男女差、身分差、年齢差などを設けないものとするものです。

　３）人称・非人称に基づく三角形を明確にする点で、単数であれば基本的に、「彼／彼女、汝、我」の３種類に限定します。非人称は「それ」とすることです。

　４）動詞は「〜です、〜である」のどちらかにすることです。

　５）命令形の語尾（終わり方）をそろえることです。

　望ましい直訳であるには、最低、以上のような約束事が必要です。

　直訳に際し、しかしもう一つの約束事があるのです。

　それは、

　６）和魂に属する文化が見せるあり様を英語に翻訳することはできない、とすべての人たちに予め伝えておくことです。概念基本の言語（英語）に関しても、それをもし人々に伝えることができるとすれば、その表面的で、形式的な知識であり、情報にすぎないと理解するように求め、そしてそのことを伝えておくべきです。その表面を撫でただけで、和魂の世界が分かったとしてはならないわけです。

　それぞれの英文を訳す人は、そしてまたそれを読む人は、

少なくともそれを理解しようとする限りは、可能であれば、概念性に基づいた在り方とはどのようなものか認識できることです。

　それとともにそれは、日本人の文化のあり様が、情中心性、一体性中心（個不在）、和魂のあり様をしていることから、本質的に概念性を嫌い、寄せ付けないで成立していると認識することを求めることです。

　このことを認識した上で、概念性に基づいて実際にやってみると同時に、生きてみようと推測し、想像してみることが求められているのです。

C. 日本語との対峙

　主語と動詞をセットにして概念基本の英文を習得することは、日本語とそれが持つ、具体性に張り付いたあり様と厳しく対峙することになります。対峙するとは、両言語を敵対させることではなく、両言語各々が大きく相違していても、その中心的な姿を対等の形で理解することにつながることです。

　一つの文化を尊重するとはそれに留まることではなく、その文化と価値的に全く対立する文化や価値観をも尊重できることなのです。相互に違った複数の言語の価値観をそのままに尊重することができなくては、その一つの文化を本当の意味で尊重していることにはならないわけです。

　それには、両言語の姿が違っていれば、それを違ったままに理解し、習得することです。これは、日本語の土俵の外で、すなわち、日本語とは別に英語という言語を習得することでもあるのです。

とすれば対峙するには、英語の仕組みがどのようになっていて、どんな在り方を強いているかを概略的にしても、知っていることが求められます。

母語に呑み込まれて母語理解は可能か

問題は、異邦の人たちと対等の形で友人になることを想定して私たち日本人は母語である日本語と正しく対峙して、その生き方を変えるように、母語を学んでいるかどうかです。もしそうだとすれば、どのようにそれをしているかです。少なくとも母語に依存し、それにのみ呑み込まれ、いろんな知識を獲得しても、それだけでは、母語自体もしっかり分かっていることにはなりません。正しく対峙すると言う際、その「正しく」ということを保障する軸が必要とされるのです。

どうも、そのような軸を欠いたところで各種の学習がなされている、そのように思えます。たとえば英語の学習では、どのような軸を設定して進められているかです。

歴史的には、日本語発想での英語理解は、日本語の発想を相対化しないで、かえってそれに依存し、正当とする形で推移しています。そのような英語学習では、正しく自らの歴史に対峙する軸を設定し得ていないのです。

多くの場合それは、情報の交換レベルに留まっていて、ほとんどその域を出ないで、そこに日本人の人間のあり様をそのままに留めているのです。

長い歴史にあって、四季自然の生成の清らかさを尊び信頼し、そこに身体のすべてを放り投げて日本人の生活が送られてきています。このあり様を切断してではなく、この

延長線に現代社会が展開しているとすれば、どうでしょうか。

　つまり、諸外国から受け入れて、そこでなお生き残ってきた外国文化と言語の役割はほとんど100％日本人の生活様式を支配することのように見えても、実質的には日本人の心情中心のあり様に拒絶されて立往生しているということです。

　そこでは、母語を含めて人間のあり方をつなぐ言語は多くの場合、情の流れに沿いつつ、かつ必要で正確な知識を得ることに使われるだけで、それを超えて人間を支配して働くことがないのです。そこでは、圧倒的に言語を拒絶してなりたつ「日本的な日常生活」の流れが人々を支配していることになります。とすれば、ここで働く人間関係に関する言語はそのような「日本的な日常生活」のコピー機の側面を担っていると言ってもいいのです。

　ということは、日本は、現代においてもなお抽象的な言語から介入され、変形されることを拒絶しつづけ、自然的な生成や古来発祥のいろんな風習が支配する「現実世界」にとどまっていることになります。この地で人々は、年上の人を尊重する、村のことをよく知っている人を尊重する、父母祖父母を敬って当たり前とする、というように生活しています。つまり、古参新参、先輩後輩、姑嫁、などの序列性に見るように、この「現実世界」を維持する秩序では、それまでにある序列性が好ましいものとして承認されているのです。

　男と女の関係について言えば、それは内外の役割分担がはっきりしているということです。これは、ご主人と奥様、

主人と家内、亭主と女房などと呼びわけられていることでも分かります。その元は、端午の節句やひな祭りにあると思われます。男は武者にたとえられもします。お内裏さまとお雛さまの関係で言えば、それはただ並んで置かれているように見えて、そこに上と下が暗示されてもいるのです。この風習は今もなお各地域に盛んです。

　このように、その序列性は客観的に見てはっきりしているのですが、現実的には序列性とされつつも、人々をやさしくつなぎ合う切っ掛けとして大切にされてきてもいます。

　日本人の平均的な傾向はどうかと言えば、そのあり様は、とかく世間体を気にするという、外からの適度な緊張感があることが内輪の生活にメリハリをつけ上手に律することができる、そういう受動性においてつくられているようです。

　そのような世間体を盾に阿吽（あうん）の呼吸の中で男性優位を強い、その都合を優先させてきているため、それを覆すことはできず、半ば慣行となっている現実です。

　これを言い換えると、日本語には、その言語以前に刷り込まれているものがあるということです。このことは、そのように刷り込まれているものに素直に従って、人々はその後の人生をつくり上げていく宿命を避けられないことを示しています。このように見るとすれば、男女平等という在り方、いや両性の対等は、将来的にこの国の人たちにおいてはどのように推移するでしょうか。ここに関わり得るものの一つとして、たとえば英語学習が考えられます。しかし、これを正しく自らの歴史に対峙させる軸にするにはどうしたらいいのでしょうか。日本人はこれからも各種の

「風のモード」から抜け出られないのではないでしょうか。

　空気の流れに呑み込まれて生活が成立しているため、言語はそれに浸ってその働きが指示されています。この言語を「開構造言語」としましょう。これに対して英語は、それがよって立つ言語構造を使うことでのみいろんな世界を切り開くことを可能にする言語です。この英語を「閉構造言語」とします。世界には少なくとも「開構造言語」の情報と「閉構造言語」の情報による二種類の情報があるのです。これらが表面的に似ているからと言って、それがお互いにとって同質のものと見ることができるでしょうか。

　このような越えられない差があるところでつくられる訳読情報です。これについては、もし英米人が書いた英語が、文句なく日本語に訳して理解可能とすれば、人間の生き方次元では、それは誤解の元にもなります。

　また、「日本を発信する」と称して、日本文を英文に直して日本語が持つ深さについての理解が可能かと言えば、決してそうではありません。

　たとえば、英和辞典で「mind」をひくと「心」と出てきます。そして、英英辞典をひいて「mind」を見ると、「your ability to think and reason」とあります。この英語の表現は「心」とは違ったものと思われます。このように、形式的に日本語を英語に直せば理解できるとする行為には必然的に、自己否定にもつながる危険性がともなうのです。それでは日本人の内面は誤解されはしても、到底理解され得ないのです。

言語での理解を超えるもの

　自然科学的な分野でも言えるのですが、特に社会系や文系の分野において、英文を日本語で訳して読む際は、英文からの情報を形式的に得られるだけで、そのことで、英米人がどのような思考の仕方をし、その在り方がどのようなものかを理解することは難しい、と認識すべきです。

　それは、訳して把握するやり方は英米人や英語の在り方がいかなるものかが見えにくく、自らも一時的にしても英語の在り方に立って生きた上での認識ではないからです。

　日本を発信するという点でいえば、日本の様子や日本文を英文に直すことで日本理解が可能とされていますが、それについてはほとんど、いわゆる日本人の自己満足にすぎないことだと思われます。

　その理由は、いかに巧みに英語に直されていても、そのように発信された英文に外国人が接する際は、当たり前ですが、彼らは**英語が英語であるために不可欠な、①と②の、二つの座標軸**（155ページに示している）を放棄して読むわけがないからです。

　その座標軸について、彼らは無意識にしかつかんでいなくても、誰もがその座標軸に立って、日本からの発信に接するのです。とすれば、日本人もまたその座標軸にいて、生活し生きているものと彼らは考えているでしょう。日本の文化は珍しいなと驚くことが多々あっても、日本人の言語は「**風のモード**」に支配されて表現されているなどとは彼らはほとんど考えないと思われます。

　それでは、これを避けて、彼らに日本的なあり様について適切な説明をしようとするにはどうしたらいいのでしょ

うか。まずは、日本人にとっての中心的な姿を英語や日本語で説明することは不可能だと伝えるべきです。

　加藤周一によれば、12世紀に生まれた禅宗では悟りは文字で伝えることができないとされ、その宗教では「不立文字」「以心伝心」ということが中心の心得の一つとされているということです。

　このことと似て、10世紀以前から理解には文字は不要とする「以心伝心」の流れができ、人々を密接につなぐ上では、これが大切とされています。このことから言って自分の身体でじかに「以心伝心」をつかむことが唯一の入口でしょう。

　これに対して、日本人が英語を自分のものにするためには、日本人の学習者は自らがつながれている「**風のモード**」を一旦自身から切り離して、いろいろなイメージをつかもうとして想像力をたくましくして「**英語が英語であるために必要な二つの座標軸**」が支配する在り方に基づいて、自らの生き方を問う英文をつくり出してみることです。そしてそのようにつくられたパラグラフから、それまでの自分の姿をながめてみましょう。そうすれば、それはそれまで思っていた自分と大きく違っていることが分かります。

　それでは、以下に高橋瞳（『日本入門』pp.61-62、pp.194-195）がどのように英語でもって日本を紹介しているかを見てみましょう。

　この書籍では、日本語の本文対応の英訳とされていますが、ここでは英訳の方を先に示しています。主語と動詞の関係にあるものに下線を引いてみます。

Haiku and Bonsai　俳句・盆栽
　<u>Japanese are</u> masters of miniaturization.
　<u>日本人は</u>モノを小型化することが<u>得意である。</u>

　（この日本語では、主語と動詞のように見えますが、「日本人は」は「題目語」と見られます。英語でいう、文型が構成されていないのです。英語での、第二文型SVCは基本的なもので、これが日本語において全く違ったものにされているのです。日本語では語順を変えて平気とされれば、第二文型が示し得る剛構造性は借り物になります。そもそも日本語には文型は想定されていないことを思い出したい。基本的に語順を安定したものとして守る文型とは無縁なものが日本語文です。

　また、masters of miniaturization は、モノを小型化するのが得意である、とされていますが、俳句や盆栽は、単なる小型化ではないのです。）

　　Once upon a time <u>it was</u> transistor radios, then a variety of miniature electric motors, then precision medical instruments, and most recently the development of micro- and nano-satellites —— <u>the list goes</u> on and on.
　古くはトランジスターラジオに始まり各種モーターの小型化や微細な医療機器、最近では超小型宇宙衛星の開発など枚挙にいとまがない。

　（この日本語には主語と動詞の対は配置されていません。SVを容易に壊して平気なようです。）

This unique <u>approach</u> to manufacturing <u>can be regarded</u> as one of the foundations of Japan's economic development, and <u>what supports</u> it and <u>influences</u> it <u>are</u> probably the ways in which Japanese <u>people see and think</u> about things and <u>live</u> their daily lives.

<u>これは</u>モノづくりの分野における大きな特徴であり、日本経済発展の基礎になっている感があるが、これを支え、大きな影響を与えているものに日本人のものの見方、考え方及び<u>生活習慣がある</u>。

（この日本語での主語と動詞の関係の一例を下線で示しましたが、英語のその関係と対応していません。SV が英語と対応しないのは、この SV 形式は単に偶然的なものと見なされていることからと思われます。

　そして、ここで述べられている、the ways in which Japanese <u>people see and think</u> about things and <u>live</u> their daily lives についてですが、この中身を英語で説明することが難しいのです。日本語文は、英文が実線としてあるのに対し、点線としてあり、点と点の間を自然に出入りする空気や風が、その点線の文を各種の色に色づけるのです。これらの色は、説明して理解が深まるものではなく、その人自身がその身体で感じて受けとるものです。

　時に、ひらがなでのつながりがこの微妙な風の変化を受け取る位相です。）

<u>One aspect</u> of this <u>is</u> haiku.

その一つに俳句がある。

Now known throughout the world, haiku forms an aesthetic culture unique to Japan, distilling the thoughts and feelings of the poet into the description of a scene in just 17 syllables (5－7－5) and including a word or words (kigo) suggestive of season.

俳句は季語を含む五・七・五のわずか十七文字で一つの情景を描き、詠み人の想いを伝え、余韻を感じさせる日本独特の芸術文化であり、世界的にも有名である。

Belief, but beautiful and profound, a good haiku lingers in the memory.

短いが美しく深遠であり、人々の心に印象深く残るものである。

（この日本語の一部には主語に見えそうなものと動詞はありますが、英語のそれとの対応関係は見えないようです。ま　た distilling the thoughts and feelings of the poet into the description of a scene in just 17 syllables とされています。しかし、distill を pure にすると訳した場合、distill the thoughts and feelings　とは具体的にはどのようなことでしょうか。それをつかめなければ俳句の肝心なことがわからないようです。）

Here are three famous examples that immediately come to mind when haiku are mentioned:

The well-bucket / Seized by the morning glories / I seek water elsewhere　　　　　　　　Kaga no Chiyojo

Silence / The cry of cicadas / Penetrates the rocky
cliffs   Matsuo Basho
As I bite into the persimmon/The temple bell tolls /
Horyuji   Masaoka Shiki

俳句といえばすぐに思い浮かぶ三句を掲げる。

　　朝顔に　つるべ取られて　もらい水　　（加賀千代女）

　　閑さや　岩にしみ入る　蟬の声　　　　（松尾芭蕉）

　　柿くへば　鐘が鳴るなり　法隆寺　　　（正岡子規）

（この日本語では主語と動詞の対応関係は見られないよう
です。SV にこだわっていると、俳句の持つ心情が表現さ
れないからと推測されます。たとえば、In silence the cry
of cicadas penetrates the rocky cliffs とすると、鳴き声が
岩を突き抜ける、入り込む、となり、それで理解されるの
でしょうか。SV が持つ概念的な規定力、起動力がこの俳
句を邪魔しているようです。）

In each of them, a scene appears vividly before our
eyes, a sound or cry issues out of stillness, a variety of
thoughts and feelings are stimulated, and translated into
our own personal mental landscape.

　いずれも情景が目に浮かび、静けさのなかに声や音が
聞こえ、諸々の想いが際限なく広がり、自分なりの心象
風景に置き換わっていく感覚に安らぎを覚える。

（この日本語には主語と動詞は見られません。英語から見
ると、これは一種の文法破り・文法の拒絶です。また最後

の、translated into our own personal mental landscape.
という表現も分かりづらいと思われます。）

　高橋瞳がいわんとする主旨は、恐らく次のことだろうと
思われます。すなわち、日本人はモノを小型化することが
得意であり、その小型化はモノづくりの分野における大き
な特徴です。これを支え、大きな影響を与えているものに
日本人のものの見方、考え方及び生活習慣があり、その一
つは俳句だとしています。

　しかし、季語を含む五・七・五のわずか十七文字で一つ
の情景を描き、詠み人の想いを伝え、余韻を感じさせると
する俳句。それがなぜに小型化を支えるものなのかです。
十七文字化と小型化との関係がしっかり説明されていませ
ん。小型化を生んだ発想はどこにあるのか、です。それは
十七文字化とどのように関係づけられるのか不明のようで
す。

　基本的に言語次元に機能している言語同士であれば、翻
訳された文章同士においても、論理的に踏まれた解説があ
れば、その説明によって明確に把握することが可能なはず
です。

　しかし、論理的に踏まれた解説がなく、分かりにくいと
すれば、そのどちらかの言語（ここでは日本語）は、言語
次元とは違った次元に働くものであるためではなかろうか、
という疑いを持っていいことになります。

　とすればここで、高橋に代わって考えてみましょう。

　その理由について、日本的に分かりやすく言えば、語順をある程度適正に、論理的に分かるように配置せよと求める風が吹いている時と、言語を全く不要なものとして、それを端折って使用する方がいいよとする風が吹いている時とがあるのです。前者の言語は、いろんな組織社会やいろんな分野の研究によく見られます。

　これに対して、日本的とされる日本人の内面づくりでは、そこに何人いても、そのこころは言語的な手続きを脇役として排除したり、言語の助けを最小限に抑えたり、空っぽの所に豊かさや虚しさや寂しさが映えるようになされています。そのため、誰もが同じように、吹いてくる風の色に、あっという間に染め上げられたり、響いてくる音に瞬時に共鳴して、一体感を、または、疎外感を味わうわけです。外界のいろんな色をも受け入れられるように、こころは受容力が高く、空っぽなものとして育っているからです。つまりこころは、豊かで繊細な感受性を持つように、人々は自然の各種の変化に対応するように、訓練されて、育っているということです。

　この発想こそ、小型化の発想を生んだのではないかという点で、十七文字の俳句の力を想定していいと思われます。十七文字は、単に言語性の縮約ではないということです。

　しかし、今日の複雑な社会では、言語はそれ以外の、主に利害に関わる、というように、単に便利に、そしてトランジスターラジオなどに見るように、単に消耗品化へと応用されて使われている傾向が強いのです。このような論理性に基づいた説明を基調とする言語を拒絶して展開する文化の代表の一つが俳句です。「**風のモード**」の内のもので

す。それでも、高橋はそのことを不問にする、つまり、俳句というものを、説明を基調とする言語の線上にある形で扱っています。しかし、本質的には言語をとことん節約して、別なものを中心にして成り立っている日本です。そうであるのに、そのような日本を概念に基づいた英語に直して発信しているのが高橋と思われます。そのような試みでは、意味不明なものに留まるだけです。

D. 具体的な内面での準備

　ここでは、英語の学習とはどのような性格のもので、それをいかに認識したらいいかを項目に分けて確認します。また以下に、いくつかの具体的なアプローチの仕方を示してみます。

英語によって刻印された在り方の習得

　学習とは、抽象的な数字次元の文字の習得ではないと認識することです。言い換えると、その英文の在り方が自分に刻印されることです。自分の姿が英文の在り方が取る方向へと大きく変えられることです。そして、英文は、日本文と違って、どのように異質な在り方をするものか調べておくことです。ですから、英語に向かう際は、日本文化で満腹にしないで、自分という人間の一部を空っぽにして、それを受け入れるスペースとして用意しておきたいものです。

普遍的な在り方の習得

　英文では一つの例としては、主語＋動詞のセットとして

あって、それを使い続けることによって人は個を身につけ
ることができるのです。

　つまり、英文を読み、つくるとは、日本語とは異質な価
値観に基づく英語という言語において、己という人間を新
しくつくり直すことです。

　また、この自己を新しくつくり直す行為は、少なくとも
相手と対話し、相手を知ることを通してなされるべきでし
ょう。この点では、「you and I」ではなく、「you vs. I」
の関係がスタートの起点で、この関係をいかに対等につく
り上げていくかに腐心する言語・コミュニケーションが求
められます。

　そしてその対話にはまず何よりも、英語と日本語ではど
こがどのように違っているのかと、相違点に関心を向ける
ことです。英文の組み立て方を知るにはあらん限りの想像
力を働かせ、そこに時と場によって変わらない、いわゆる
不変的な在り方が定着していることをつかむことです。こ
れがどのように働くか知ることです。

日本的な生き方にもの申すこと

　英語を訳さないで英語の構造を通して学ぶことは、自身
が英語的に変えられていくことです。それが日本的な生き
方を相対化することでもあるのです。これは、日本的な生
き方を否定することではありません。決して否定すること
なく、日本語のあり様にものを申して、別の生き方がある
ことを、自身で確認するとともに、日々付き合っている二
人称に当たる人がいれば、その相手にも、英語とはいかな
る言語なのかと伝えることです。しかし、相手に伝えるこ

とによる軋轢が強いと思えば、直に伝えなくても、自身の中にとどめ、それを確認するだけでもいいのです。

しかし、それはまた、英語と日本語両方を尊重しつつも、必要に応じて自分自身に二者択一を求めることでもあるのです。

留まるか外へ出るか

英語を学習するとは、その英語が獲得してきた既成の在り方が自分という人間に刻印されることです。言い換えると、このように英語の既成の在り方が刻印されることで、自己を新しくつくり上げていく作業を積極的に引き受けることができるのです。それが英語の学習です。ですから、このことを自身でどのように評価するかが問題になるわけです。

イエスというか、それとも、ノーというかです。もしノーというとすれば、反対にイエスというにしてもですが、その根拠をつかむとともに、そこからいかに抜け出るか、または、イエスといったことをどのように実行するかが問われることになります。

共　生

一方で日本的な自分を保持しつつも、英語の学習とは、自身の人間の姿を変えることです。古い自分のあり様を変えることを通して自らの自立と共生へと踏み出すことが基本です。そのための英語の学習である、つまり、仮に相手に勝利する必要がある場合でも、ただ勝利するのではなく、どこまでも対等の仕方での共生を目的にしてそれをするの

であって、それ以外ではないと認識することです。

　海外の諸民族との共生は、独仏語などや東南アジアの諸言語によって進める方がいいと思われます。その根拠は、日本語では、これを進めることは極めて難しいためです。それは、日本語は人々が日本列島に生まれて初めて理解し合える民族主義的な色彩の強い言語であって、論理的にそれを組み立てても、そこから抜け出ることが困難だからです。

　日本語は、外国人との間の日常的、その場での不都合を処理するには大変役に立つ面がありますが、内面次元の把握については、相手が何を考える存在かと概略的にしても推測できないと、人間レベルの信頼感が生まれにくい特質をもっているからです。つまり、日本人と外国人がぶつかり合った場合、それを修復することは、双方のその時の人間の努力だけでは追いつかない面があるのです。それは、一方が言語次元の把握をもって OK とするに対して、片や日本人は言語を排除したところでの合意というように、双方が立つ内面の土台が異質な形で食い違っているからです。

2．英文の組み立てられ方の背後を想像力を働かせて確認すること

英文の組み立てられ方

　英文はどのように組み立てられた言語なのか、それについて次の点を中心に検討してみましょう。a. から f. までランダムに見直してみます。

a. 各種の関節が組み込まれていることについて

b. 主語＋動詞のセット、S＋V（you＋V）のセット

c. 語順について

d. you vs. I の関係に立つことについて

e. 「人称・非人称の三角形」を行き来すること

f. 単数性が持つ意味について

　それでは、関節が組み込まれていることから検討してみましょう。

　英文は剛構造性に基づいた言語です。英文は、日本語文の構造がルースで、構造の内外を行き来して各種の空気に大きく左右され情支配の下に働くのに反し、文次元の論理性を守り、そこから下りないで、あくまでも文次元で意味がつくり上げられることから剛構造文と考えるべきです。その理由の一つを挙げてみると、それは、構造次元に「関節」とされる種々の結合装置が必須とされて、組み込まれていることにあります。つまり、英文をつくり上げるうえで、そこで用いられる語句と語句を剛構造的に支えているものには、たとえば「構文」というルールや「修飾・被修飾関係」のルールがあるわけです。というのは、これらは語句と語句とを分けるとともに、そのことよりも、一つの英文へとしっかり結合させる関節の働きをしているからです。

　以下に、関節が持つ意味について、中山理監修（「祭り──地域共同体と神道との関連」『英語対訳で学ぶ日本』pp.216-217, pp.20-21）に従って考えてみましょう。

Festivals: Relationship between Local Communities and Shinto
祭り——地域共同体と神道との関連

(1) As far as we know, festivals are held all year round at more than three hundred thousand places throughout Japan. From festivals on the scale of more than one million people, such as the Gion Festival in Kyoto, the Awa Dance in Tokushima, and the Nebuta Festival in Aomori, <u>to</u> simple village festivals held in any farming village, festivals are variously fascinating and have great depth.

訳

祭りは、日本全国でわかっているだけでも30万ヵ所以上で一年中行われている。京都の祇園祭、徳島の阿波踊り、青森のねぶたといった100万人以上の規模の祭りから、どこの農村でも行われる素朴な祭りまで、魅力は様々で奥深い。

まず上のパラグラフの最初の英文を例に「関節」と見られる部分について考えてみましょう。

以下で英文に下線を引いた語句を「関節」と見ます。それは基本的に、下線を引いた後の部分と前の部分を結ぶ働きをしているからです。

（＊）<u>As far as</u> we know, festivals are held all year round <u>at</u> more than three hundred thousand places

<u>throughout</u> Japan.

　すなわち、<u>As far as</u> は we know と festivals are held とを結ぶ機能を担っているということです。

　<u>at</u> は more than three hundred thousand places と are held とを結んでいます。そして、<u>throughout</u> は Japan と more than three hundred thousand places と を結んでいます。つまり、（＊）では、接続の働きをする <u>As far as</u> と、二つの前置詞の <u>at</u> と <u>throughout</u> との三種類が関節の働きをして、一つの英文へとつないでいるのです。この三種類の関節が機能していることから、つながれた部分と部分はほぼ崩れることがなく、三つの部分が確実に結合されて一つの英文（＊）とされています。

　これに対して、この英文の訳は以下のものとされています。

　　　祭りは、日本全国でわかっているだけでも30万ヵ所以上で一年中行われている。

　上の訳については、日本語では、次に見る訳だけでなく、その他いくつにも変化する形で使われます。
「日本全国でわかっているだけでも、祭りは30万ヵ所以上で一年中行われている。」
「日本全国でわかっているだけでも30万ヵ所以上で祭りは一年中行われている。」
「日本全国でわかっているだけでも30万ヵ所以上で一年中行われている、祭りはね。」

「祭りは、日本全国でわかっているだけでも一年中行われているよ、30万ヵ所以上で。」
「祭りは、30万ヵ所以上で一年中行われている。日本全国でわかっているだけでも。」

　日本文では、一つの語句と他の語句をつなぐ上では論理的な固定性が薄弱なテニヲハ類が使われています。なぜかと言えば、それは、テニヲハは人の目の前の空気の変化に敏感に働く性質があるからです。ということは、言語に実線的な強さを与えるという意味での結合力を与えられていないということを示しています。

　すなわち、英文とはたとえば、基本的にですが、語順を守って繰り広げられるという点から見て言語基本的な在り方をしていて、そのように構造（関節と関節が組み合わされた関係を含む）を外れない仕方で組み上げられた文という一線上のみを走ることを主眼にしています。

　テニヲハは、そのような言語主導性を崩すものではあっても、その言語主導性を守る形で働く性質のものではありません。それはなぜかと言えば、日本語は、テニヲハの働きに引きずられ、本質的にその時々に変化する言語外の皮膚感覚に引っ張られて働くものだからです。

「1＋1＝2」「H_2O」「民主的なあり方を大切にします」、この三つの例で考えてみましょう。

　この三つを日本人は以下のように読むのが通例です。すなわち、「いち たす いち は に」「エイチツーオウ」「みんしゅてきなありかたをたいせつにします」と読むのです。

　ここで使われている、ひらがなやカタカナは「それぞれ

の表現の主旨」を補助的に補っているだけのように見えて、実質的に日本人の内面深く響いて、「それぞれの表現の主旨」をその形で生かす時と状況の変化で不都合とされてすべて抹消してしまう時があるわけです。この事実を見るべきでしょう。

　それでは、続いて次の英文を検討してみましょう。

（＊）From festivals on the scale of more than one million people, such as the Gion Festival in Kyoto, the Awa Dance in Tokushima, and the Nebuta Festival in Aomori, to simple village festivals held in any farming village, festivals are variously fascinating and have great depth.

　ここではＳとＶを具備した文は festivals are variously fascinating and have great depth です。この文に、From festivals 〜 to simple village festivals が修飾する形で全体の文ができています。

　on the scale of によって festivals と more than one million people が結合され、such as によって festivals on the scale of more than one million people と the Gion Festival in Kyoto, the Awa Dance in Tokushima, and the Nebuta Festival in Aomori とが結合されています。

　in はまた the Gion Festival と Kyoto、the Awa Dance と Tokushima, and the Nebuta Festival と Aomori それぞれを結合しています。その後の in は any farming village を held へとかけています。

　以上の英文の訳は下に示すものとされています。

　京都の祇園祭、徳島の阿波踊り、青森のねぶたといった
100万人以上の規模の祭りから、どこの農村でも行われる
素朴な祭りまで、魅力は様々で奥深い。

　ここから見て、英文では、論理的な説明を示す前置詞が
使用されて、論理性をテコとすることが認識の根拠とされ
て一つの英文とされていることがわかります。しかし日本
文では「から～まで」「といった」「の規模の」「の」とい
うように、便宜的とも思える表現が使用されています。こ
れらはみなその時の風の吹き方に則して他の表現に言い換
えが利くわけです。このように英文は、論理的なテコが組
み合わせられて構築されているのに対し、その訳とされる
日本文では、万人が分かる関節に相当するテコを見つける
ことは難しいようです。

　さ ら に、英 文 festivals are variously fascinating and
have great depth. に対する訳では、祭りが主語なのに、
「魅力は様々で奥深い」とされています。この訳でも日本
人は経験があるから感覚的に分かりますが、日本語と英語
双方の文には基本的に同一の点は見られないと思われます。
とすると、この英文に直されることで、日本の祭りでの出
来事がちゃんと伝わっているのでしょうか。

　ポイントは祭りです。日本では「祭り」ですが、英語で
は festivals という違いがあるのです。ここでは数えられ
る単位が基本であるため、それに則して a festival となり

ます。複数には s が付けられるのに対して、「祭り」という表現では単複が不明確です。それはどのようなことでしょうか。これについては、この後の、(3) S + V (you + V) のセットの項（p.204）で考えてみましょう。

(2) Festivals have the significance of welcoming kami (gods), making offerings to them, and asking them to watch over the lives of the people. In most cases, festivals are for the purpose of asking for abundant crops or giving thanks for rich harvests, praying for abundant fish catches and the safety of those traveling by sea, seeking to drive away the deities of disease, or expelling impurities.

訳

　祭りには、神を迎えて、お供え物を奉り、人々の暮らしを守ってもらうという意味がある。ほとんどの場合、祭りは五穀豊穣を願う、あるいは豊作に感謝する、豊漁や航海の安全を祈る、疫病神の退散や穢れ祓いを頼むといったものである。

（＊）Festivals have the significance <u>of</u> welcom<u>ing</u> kami (gods), mak<u>ing offerings to</u> them, and ask<u>ing</u> them <u>to</u> <u>watch</u> over the lives <u>of</u> the people.

　ここでは、Festivals have the significance. の SV 関係が崩されているとともに、以下の関節が配置されています。

the significance <u>of</u> welcom<u>ing</u>

mak<u>ing offerings to</u> them,

ask<u>ing</u> them <u>to watch</u> over

the lives <u>of</u> the people.

　日本人において kami（gods）は、三人称のように見え
て、あり様としては三人称ではありません。しかし、英語
では人は誰と付き合うにしても、一人称か二人称か三人称
かのどれかに置かれるというように、限定されて自己確認
します。この「人称と非人称の三角形」のどれかに置かれ
ることを「一定の枠づけ」といいます。そして、この「枠
づけ」られ方は向かう人によって違います。また、同じ人
に向かうにしても、話す人が誰かによって私が二人称と扱
われたり、三人称に扱われるというように、その「枠づ
け」られ方も違ってくるのです。

　しかし、日本語では「一定の枠づけ」に限定された他者
としてそれら kami（gods）と付き合うのではなく、言語
以前の、または人称以前の出来事としてそれらと溶け合う
関係に置かれて、関係し合っていることが多いのです。

　ここでは、文としては、Festivals have the significance.
です。英米人がこの英文に接すると、彼らには単数の人
称・非人称代名詞でいえば、「you と I と it（he, she）」と
いう「一定の枠づけ」に制限されてしか読む方式がないの
ですが、しかし、日本人がこの英文を使うと「一定の枠づ
け」などは念頭にありません。このため、日本人が見た英
文は英語であっても、質的に日本語の一員としてしか機能
しないのです。

このことは、一つには「一定の枠づけ」を意識するか否かが右に向かうか、左に向かうかというように、正反対の指標になっていることです。つまり、この厳しさが英語か日本語かの相違を決める一つの要素です。この相違が避けられない運命にあります。この相違の意識が人々に想定され、的確に機能しているかということです。

　次の点に移りましょう。gods は複数ですが、kami については単数か複数かは不明確です。アンカウンタブルの名詞はありますが、単数で存在できることが英語の一つの特質です。単複が基礎的な単位です。単数である、ということは、単数が単位で共同できることを示していますが、互いに対立しあうことでもあります。
　日本でも普通には「かみがみ、神々」と表記されます。それは様々な場所に根付いた様々な神々がいることを示してもいます。しかし、それは、抽象的に「一定の枠づけ」された、いろいろな出来事に関わる the significance とは無関係なのです。言い換えると、何らかの、つまり、普遍的に組み上げられた論理性に限定された the significance に即してお祭りが催されているわけではないという特質があるのです。

In most cases, festivals are for the purpose of asking for abundant crops or giving thanks for rich harvests, praying for abundant fish catches and the safety of those traveling by sea, seeking to drive away the deities of disease, or expelling impurities.

　ここで、文としては festivals are です。

　前の文の Festivals もそうですが、三人称であるため、「人称・非人称の三角形」に基づく英語の縛りに基づく三人称性として働いています。これに対して日本語の特質は、日本語を使い、日本語に訳す限りはみなそうなのですが、普遍的に認知され、一定の概念性に基づく一貫して働く個が育たないということです。個へと育つことを許さない言語・日本語と言っていいのです。ここでは for the purpose of という表現が使われていますが、少なくともこのような個であることを補強する観点でなされるお祭りではないのです。

　生きることは即、豊漁を求めることであり、収穫とそれについての感謝であり、穢れを追い出すことにつながることなどです。それら各々はみな具体的なことの集まりで、その地に根差したつながり合いの延長にあるのです。現代ではそれぞれ仕事化し分業化されて、漁や狩りや農業などの工程が一般人の多くには全く見えませんが、本来は未分化の内のもので、日々の生活と一体のこととしてあるのです。

　このような実態にあるわけです。それでも、そのことに気づかず、日本人の生活の仕方をただ文字次元だけの理解で英語に直してみても、人々の実情と文レベルの英語との落差が大きすぎるのです。このため、外国人には理解が難しいままに推移するのではないかと危惧します。

　日本語の仕組みを考えても、本来、具体的な出来事に関

わって、その本領を発揮する言語・日本語ですから、それでもって、一定の概念的な在り方を実現し、人間の在り方を一貫してつくり上げていくべきとはほとんど考えられていないようです。その特徴として、「三人称の非人称代名詞の主語＋動詞」も、形式としてのみ扱われ、その関係が持つはずの客観性に基づくインパクトは解消されて使われています。実質化されて使われているものではないのです。たとえば、次の例を見てみましょう。

It is three o'clock.

この英文における、It is〜. において、学校英文法では it は特に意味を持たないとされています。

しかし、実際には、It is〜.は客観性を示しているのです。

この客観性はしかし、ラフなものです。正確な客観性を示すものではないということです。ラフにというのは、二人称でもなく、一人称の出来事でもないということです。英語では基本的に、二人称と一人称以外のものは三人称に配分されます。人々の関係も、人文・社会関係のものも、自然科学関係のものも、みな三人称に配置されて収められる習慣なのです。

ですから「ある客観性を示す」という点では、It is three o'clock. は的を射た表現です。しかしここに深刻な問題が生まれるのです。つまりそのことは、人々の幸福や人間らしさをつくり上げる上で、その単数三人称の非人称代名詞 it とその在り方がいい加減なものであっては困るということです。これは、自然科学分野で明確に問われ、

そしてその分野のみならず、人文・社会系分野においても同じです。

　つまり、資本主義としてまとめられる客観性、it の在り方、があるとすれば、それに対抗して、共産主義に収斂するものとしての客観性、it の在り方が想定されるのです。それに対して、民主主義や全体主義に基づく客観性 it の在り方も想定されるわけです。とすると、各種分野の it が対抗し続けるなどということが起きると困るのです。すなわち、可能な限り、you vs. I という二人称と一人称の努力によって、ここに両性も入るのですが、双方が戦うことなく、対等に向かうことができる世界へと進められていくことが求められます。人文社会的には、人々自体が it の内容を決める自由が保障されるべきですが、その内容を正当化して、他と戦って奪うことがない社会を願うものです。

　よく you and I と言われます。しかしその両者の既成の在り方は you vs. I なのです。基本的に対立関係にあります。この対立関係は、you や I、そして he や she が単数として自己実現できる自由があることを示すもので、相互に戦うためにあるものではないのです。それ故に、この関係は戦いへと発展しやすいことを覚えていたいものです。

(3) Different regions have different kami and different festivals. The people living in a given region manage that region's particular festival. In short, festivals exist against the backdrop of the lifestyle and culture fundamental to each region. Festivals have continued until the present time by passing down the events and

folk performing arts that are particular to each region.

訳

　それぞれの地域にはそれぞれの地域の神があり、祭りがある。それぞれの地域の祭りを運営するのは、それぞれの地域に居住する人々である。つまり、祭りは、各地域の基礎となる生活文化を背景として存在しているものである。地域ごとに特色のある行事や民俗芸能を伝承しつつ今日に至っている。

　この訳では、下線を引いたところで主語と動詞が消されています。SV 関係が軽視されているようです。

（＊）Different regions have different kami and different festivals.

The people living in a given region manage that region's particular festival. In short, festivals exist against the backdrop of the lifestyle and culture fundamental to each region.

（＊）Festivals have continued until the present time by passing down the events and folk performing arts that are particular to each region.

　SV 関係とともに、各文型が英文を構成する基礎的な要素で、それが文の揺れ崩れがないように、支えているのです。その象徴ともいえる「SV 関係」は、that are に見られます。訳では見事に消されていますが、「関係代名詞（S）＋動詞（V）」の構成という語順の正しさとしてあり、

これが英文の剛構造性を保証している一つです。この剛構造性が英文理解を概念的に明確にする上で有効な働きをしています。

　英語では「SV関係」は一対としてあり、一般に「限定性・既定性」や「起動性」が示されていて、この点で日本語と異質です。

　しかし同時に、英語はその硬直した側面が大きいことから、人々の思考や判断力をその既定性へとしっかりと押しとどめたり、押し戻したりして、その人を含め、対する人たちを切って捨てる、という刃（やいば）の働きをもする怖いものです。

　次に同書から、もう一つのエッセーを取り上げます。

　Religion——宗教

⑷ Japanese have always worshipped "*shizen*" (the Japanese conception of nature) and valued Shinto, a religion of rituals for departed ancestors. During the hunting-and-gathering period, Japanese thought of mountains, the sea, the sun, water, and other natural elements as "*kami*", or gods, which brought forth food for people. These *kami* inspired both gratitude and awe. When Buddhism later came to Japan, it incorporated Shinto beliefs by reverencing the dead during the O-Bon summer festival, as well as in spring and autumn.

　訳

　日本人は古くから「自然」を信仰し、祖先の霊を祀る

神道を大切にしてきた。狩猟・採集の時代から、食物を育む山や海、太陽や水などの自然を「神」として、畏れと感謝の念を抱いてきた。のちに仏教が伝わると、その教えを融合させて、お盆や春・秋に祖先を祭るようになっていった。

分析

Japanese have always worshipped "*shizen*" (the Japanese conception of nature) and valued Shinto, a religion of rituals for departed ancestors.

このように規定されています。実際には、"*shizen*" は the Japanese conception of nature とは、大きく外れ、質的に反対のあり様をしているものです。それなのに、これをイコールと言い換えられると、自然観を混乱させる元です。

During the hunting-and-gathering period, Japanese thought of mountains, the sea, the sun, water, and other natural elements as "*kami*, or gods, which brought forth food for people.

英文では「During〜」とありますが、訳ではこの意味合いが見えません。また、Japanese thought of mountains が主節です。なぜに主語と動詞の位置づけを消すのかです。さらにここでは「,which」とあります。これは付け足しの表現であって、その意味合いが無視されています。

These *kami* inspired both gratitude and awe. When Buddhism later came to Japan, it incorporated Shinto beliefs by reverencing the dead during the O-Bon summer festival, as well as in spring and autumn.

ここでは、These *kami* inspired both gratitude and awe. と it incorporated Shinto beliefs が主節ですが、この位置づけがボケています。またitの働きが消されていたり、by reverencing the dead となっているのに、訳では、reverencing が動詞であるかのようにされています。これでは、無意味に英語と日本語の同化を図るものです。

(5) Many other religions, such as Christianity, have also been introduced to Japan. They are never rejected outright, but instead are adopted into Japanese culture and changed to fit Japanese ways and customs.

訳

さらに仏教以外にもキリスト教をはじめとして様々な宗教が伝来したが、それらを一方的に退けるのではなく、日本の風土に適合させて、文化として取り入れていった。

分析

Many other religions, such as Christianity, have also been introduced to Japan.

They are never rejected outright, but instead are adopted into Japanese culture and changed to fit

Japanese ways and customs.

　この訳には仏教が入っています。そしてここでは、Many other religions と They が主語です。そのうえで、They are changed to fit Japanese ways and customs. と規定されています。ということは、キリスト教も仏教も同類として扱われているわけです。しかし、実際には両者の導入過程も中身も大きく違っているのです。

　それでも、日本の風土に適合させ、文化として取り入れていった、と述べられています。相違をないまぜにするほどに、中和能力が強い文化とも言えます。

　この中和能力については、風がどのように吹くかによります。優しい風、強い風、暖かい風、冷たい風などが吹きます。それによって、それぞれの宗教が変質してしまいますが、それについてはここでは言及されていません。

　外国人がこの英文を読むとすれば、宗教の変質に風が関係しているとは思わないでしょう。

　風による変質とは、キリスト教で言えば御利益的、守護神的になったことを指します。堕落したわけです。

(6) So even today, around new year, Japanese take part in "Christmas (Christianity)", "the ringing of temple bells" (Buddhism), and "New Year's day Visits to Shinto Shrines", all without a sense of conflict among the various faiths. Japanese people feel the presence of the "kami" in all things. This feeling nurtures Japanese people's religious tolerance.

訳

　たとえば、現代でも、年末年始に「クリスマス」と「除夜の鐘」「神社への初詣」という異なる宗教文化を体験することに、日本人は違和感を持たない。日本人は、ありとあらゆるもののはたらきの中に「神」を感じてきた。日本人の宗教的な寛容性はこうした感性から育まれてきた。

分析

So even today, around new year, Japanese take part in "Christmas (Christianity)", "the ringing of temple bells" (Buddhism), and "New Year's day Visits to Shinto Shrines", all without a sense of conflict among the various faiths.

　ここでの主語と動詞は、Japanese take part in であって、この部分でもって「日本人は違和感を持たない」と意味されているわけではないのです。しかし一神教をこのように紹介すると、一神教の教義についても理解がある、という風になるわけです。しかし実情としては、理解することと、その教義を体得することとは、相反することなのです。つまり、without a sense of conflict among various faiths とありますが、この言い方はあまりに乱暴な表現なのです。これでもって「宗教の違い」をしっかり理解しないとされる危険性が出て来るわけです。実際にはしかし、それぞれの宗教についての理解の仕方があまりに浅いのです。

Japanese people feel the presence of the "kami" in all

things. This feeling nurtures Japanese people's religious tolerance.

　ここでは、主語と動詞は Japanese people feel と This feeling nurtures です。しかし後の文では、religious tolerance が主語に和訳されているのです。このことを言い換えてみれば、ここにおける訳「ありとあらゆるもののはたらきの中に『神』を感じてきた。日本人の宗教的な寛容性はこうした感性から育まれてきた」は、その中身には無関心でしかないことを暴露しているのかもしれません。

英文と日本文の比較
英　文

　英文の語順は、倒置されて乱れることが多々ありますが、倒置は、SVO などという文型が持つ拘束性を前提に理解する、という形で行われています。語順の正しさは、それが乱れても、既成の文が持つ一定の秩序を一つの単位として結合する働きを示すものです。ここでは、表現されたものを構造的に一つの完結したものと見る姿勢があり、そこにすべてが示されて、それに全責任を負わせる意味合いを持っています。

　音声的に、文字的に、表現主義的に単純につくり上げられるといってもいい、そのような英文です。言語構造的な明晰性が尊ばれるのです。

　これは、言語とは主に過去の産物として機能している意味合いがあって、その秩序が尊重されている側面からのものです。

　歴史的な観点からいえば、長い時間をかけて、多くの人たちによって引き継がれて、<u>受け取った言語能力と言語体系</u>です。そのような硬直した過去的な産物に即して、人々は今日、それぞれの対象を認識しているのです。であるとすれば、そのような認識の対象のすべても、認識する人間存在自体も、その言語による剛構造性に則して正確に刻印されていますから、そこに使われる概念は容易に主人として働きます。そこに明晰さはありますが、それが硬直し、その在り方を譲らない場合はまさに帝王と化しています。新しい概念を生み出そうとすれば、その既成の概念は即座にそれを締め付けて、その覇権性を示すというものです。

　このことはまた、そういう刻印の外に出て、人々が、たとえば既成の理性でなく、小さき者たちに立った振る舞いに基づき、その新しいあり方を構築する、ということも許さないものです。刻まれた刻印が許す範囲の左右の展開に終わりやすいのです。

　その中に、それぞれの英文を剛構造的に強固にする種々の「関節」と言っていいような、一つの単語と他の単語を、さらには、一つの語句と他の語句をつなぐ働きをするものが見られるのです。

　それらの一つに、so〜that- などという構文があります。これは文に組み込まれてその文を直接支えています。不定詞や前置詞もそうです。このことはすなわち、ＳやＯを修飾する語句はその文の在り方を補強すべく有機的にＳやＯに働きかけて文構築されているということです。Ｖを修飾する副詞なども直接それに働きかけています。

これらの主要な働きの一つは、外部から入る種々の空気があっても、それらに歪められることを拒絶して、<u>言語的要素だけで一元的にその文を構成する</u>ことです。すなわち、ここで「閑さや岩にしみ入る蟬の声」（p.175参照）という俳句を想定してみましょう。

　ここに見るように、英文を発するプロセスで多くの人が馴染む自然の景色に感動して、その様子に入り込もうとして、英文のSVO配列を乱して、その景色に没入する内面の変化に合わせ、語順を変えて表現することなどはあり得ないわけです。

　使われる名詞や人称代名詞も、動詞も、形式的に安定していて、時や場の変化にかかわらず、変化しない普遍的な在り方を維持するものです。このため、<u>定点を決めて座標軸をつくることができます。</u>

日本文

　日本語は、自然な現実に根ざしてそれに溶け込んで発生した言語です。古い古い昔に定着した自然の働きとされる諸現実が、つまり、具体的なものの関係が、現代においてもなお続いて大切なものとして生き、人々の生活を仕切っています。

　そういう風に今も、大都市でもそうですが、各地域の諸民俗や諸文化がしっかり維持されているのです。そして、現代の法政経に関わる論理的な筋道に沿う諸規定も、これに矛盾せず、これらを補強するように扱われています。古代に生まれた具体的なものの関係の中に、現代も含めて、すべてが包み込まれてあるのです。

　英文では関節が一つの文へと結合させる働きをしているため、関節が果たす意味は大きく、日本文ではこれに対して、形式同士が厳密に組み上げられず甘いため、英文で働くこの「関節」が外れているのです。

　というよりも、この「関節」は不要なのです。これがあったら邪魔とされています。この「関節」の代わりに、空気が自由に入り込んで、空気に支えられて働いているのが日本文です。各種の空気が文表現をいろいろに変形しているわけです。

　もう少し日本文について説明すると、これにはそれ自体を一定の形で固定する「骨格」も見当たらないのです。

　日本社会は「一階」と「二階」からできていると仮定してみましょう。二階は、ここで起きている大方が、外国の人たちから見える位相です。一階は、外国の人たちにはほとんど見えない、いわゆる日本的といわれる位相です。特に論理的に構築された言語の介在が拒絶され、以心伝心で伝わる局面です。

　一階では、各家庭語、仲間語、和歌や俳句、各地域の無数の方言などが働き、二階では新聞記事に見られる表現や法政経や理数分野の表現などが見られます。このように、適宜それぞれの形を自由に変える仕方で、この一階と二階との両方に働いているのが日本語なのです。

　いろいろな具体的な状況に抱えられて、日本語の表現形式は百面相の様相を呈しています。つまり、どの表現も常にそれに即した状況に伴われていることに特徴があるわけです。各種の状況から見えやすい表現ですから、それらは

根ざす状況の位相に追随してあるわけです。

英文に使用される関節と主節などいくつかの要素

1）関節について

関節には、たとえば以下のものがあります。

各種の構文──英文を、一つの骨格として支えています。

it‐to 〜 構文

so 〜 that 構文

名詞 + 前置詞 + 名詞類

an island in the pacific　太平洋上の島

a girl in a red coat　赤いコートを着た少女

the pain in my left hand　私の左手の痛み

名詞 + to 不定詞

a plan to go hiking　ハイキングに行く計画

名詞 + 関係代名詞

the bicycle which he has　彼が持っている自転車

2）S + V のセット

主語+動詞のセットが主節です。この節（主節）にいくつもの関節が組み合わされて、英文は剛構造化され、構造として論理的な結合力を獲得します。基本的なことは、これとともに、このセットは「主語と動詞」が持つ有機的な関係を強めることになり、その英文を「文次元」の出来事として一定の重みをもって規定し、起動する原動力になっ

ていることです。

　3）S+V（you + V）のセット

　このセットでの一つ目のポイントは、「単数人称代名詞＋動詞」の形式としてあることで分かりますが、単数が持つ意味は何だろうかということです。基本的な姿として、単数性に自由と責任を与える形式になっています。

　これに対して、日本語では a festival を祭りとすることに見るように、単複が示されていない、その区別が不明なことが多いのです。

　歴史的に見ると、漢字を利用して日本語へ取り入れた面がありますが、ここでは、皮膚感覚的に溶け込んだ、言語的構築以前の現実でのあり様が舞台としてしつらえられています。それは、単数発想では示されないのです。つまり、また、吹いてくる自然の流れに溶け込んで人々が一体になって働くことが求められているため、一定の在り方を明確にした概念的な存在でもないのです。一定の価値観に則した論理性に基づくものでないということです。

　ここでつけ加えますが、「祭」という漢字を例に考えると、「祭」には音で読む場合と訓で読む場合とがあり、音は日本語とは全く違った概念の世界（中国語）を示します。訓はテニヲハをつけて、具体的、感覚的な世界（日本語）で使われます。

　このように、中国の文字が日本で用いられはじめたのは5世紀ごろで、今日の仮名として用いられるようになったのは9世紀とされています。

　ですから、これからの新しい時代を迎えるにあたり、母語では9世紀から21世紀までの「訓読みのチャンネル」を

使用するとともに、英語を含めて外国語の学習ではすべて
それとは相反する概念言語である音読みの中国語に見られ
る「音読みのチャンネル」を用いることを原則とすれば、
周囲の異邦の人たちと同じ地平に立って付き合うことが可
能になるわけです。

　ここでは、この概念語と相違する形で働く日本語は、三
人称性としてあるのではなく、それに限定されず、それと
は無縁ないくつもの場に馴染むこころのあり様が求められ
るものと確認したいものです。

　二つ目のポイントは、you、I、he、she、it という形で、
安定した形式の人称・非人称代名詞と、それに見合った安
定した形式の動詞が使われることです。

She plays to a large audience.
　　　大入りの観客を前に芝居をする。
He plays innocent.
　　　何食わぬ顔をする。
She got a camera for my brother.
　　　彼女は私の弟にカメラを買ってくれた。

　4）SVC や SVO という語順
　語順が基本的に安定して働いているとは、概念文として
有機的に結合されてあることです。
　語順が互いに一定の関係があるものとして配置されてい
るとは、言語次元を崩さないで、概念性を守る文であるこ
とが示されています。この英文にはいくつもの種類の関節

が働き、文の剛構造性を補強し、維持しています。それらの既定の組み合わせによって、英文の在り方が「既成の在り方」へと硬直化している、つまり、集約さているのです。それで概念的にも既成の在り方が恒常化しています。

　英語の語順は英文としての概念的な一貫性を維持するためにほぼ守られていますが、これに対して日本語では、単に形式的に語順が配置されているだけです。

　普通には日本語が発せられ、使用されるに際して、自然的な秩序が何よりも大切にされるのが特徴です。古さ新しさ、大小、強弱などの間を行き来し、互いを配慮し合う空気が大切にされています。この間の空気の行き来が難しい場合と、そうでない場合とがあります。後者の行き来しやすい関係が親しい間柄で、そこにおいても、自然とされる上下の関係が認められ、その間でのやさしい空気のやり取りが大切なものとされています。<u>自然で、言語的形式性以前につくられている上下関係には、学校の先生と生徒、先輩と後輩、師匠と弟子、祖父母と父母と孫、姑と嫁などが、暗黙に、または、公然としたものとして働くように、それぞれの間の空気の具合が大切とされています。</u>

　まず、日本文での語順ですが、それら様々の対の関係の間に、どんな違いがあり、互いがどのように対するかによって、主語とされる形式が種々に変わり、動詞もいろいろと変化します。

　たとえば、目上とされる人には「差し上げます」といい、部下に対してであれば「上げるよ」ですむのです。ここで

は、主語とされるものは付けても付けなくてもいいもので
す。ですから、語順はその場その場で変わっても可とされ
ます。

　次に、前述の下線を付した部分についてです。
　自然の働き、たとえば古いものと新しいものの違いがあ
ることが自然とされ、その間を配慮する空気がいろいろと
働きます。それ故に、日本語ではつねに一定の形式的安定
性を守ることは不自然で、時にそれが不必要とされていま
す。
　日本語には、日本国憲法に見るように、明確に文章とし
て示され、規定性が明確だとされてはいても、古来当たり
前とされる空気に合わないとされ、無視されて扱われるも
のがあるわけです。この言語は、一方で論理的に表されて
も、他方ではこのように、多くの場合公然と、空気の動き
が分かる人たちの狭い範囲の出来事に限られるところに働
くものとされ、そのような場にあって有効とされているよ
うです。状況に溶けて、それを補完する言語という性格に
あるのです。二面に大きく振れて働く特性が見られるわけ
です。

　日本文ではまた、たとえばSOVの順で配置されるとさ
れています。しかし、この語順とされてはいても、主語は
よく省略され、動詞も言わなくてもよいことや都合の悪い
ことなどは、ほとんど表現されることはありません。この
ことで、相手に迎合したり、言わないことで、目の前にい
る人たちから暗黙の了解を得ることもできます。

　さらには、「詞＋辞」という文節が使われると、この語
順は乱れて使われて当たり前とされています。これは、
「詞＋辞」＝文節という単位は、きわめて影響力が強く、
日本文の綺麗な語順をあっという間に壊して平気という側
面を持っています。

　このことを言い換えると次のようになります。文節とは、
構造文を構造性として守るよりも、構造性を尊重すること
なく、その外からいろいろの風や空気を取り入れ、各種の
空気の色に従わせる力を持っているものなのです。つまり、
日本文での一貫した論理性を打破する要素を強く持って働
き得るものということです。

　5）you vs. Ⅰの関係に立つ

　単数の二人称と一人称は、you vs. Ⅰのみです。この唯
一の関係を、日本人は意識して生きてきた人たちではない
のです。つまり一般的には、英語に生まれた人々は you
vs. Ⅰの関係をどのように意識しているかということです。
この you vs. Ⅰの関係をいかに保持するかは、Ⅰと you と
の相互的な面がありますが、主体的にはⅠというものには、
you にどのような働きかけをするかを決める力を与えられ
ています。

　人と人が対等に共生すべきという点では、Ⅰ＋Ｖに求め
られることは、you＋Ｖが持つ姿がどのようであろうと、
その姿をそのままに尊重することで、付き合いのスタート
ラインに立つことです。このことはつまり、you＋Ｖにお
いても、Ⅰ＋Ｖの在り方を尊重するように振る舞うことが

期待されていることです。実際には、ここまでに達するには、かなりの議論が必要です。

　しかし、いろんな箇所での歴史を見ると、対立者同士であれば、議論では折り合うことができないようです。このため、相手との相違を認め、他に対して寛容であることが一番のようです。どのようにして互いに寛容であろうとするか、それが問われるわけです。

　その点では、I＋Vにおいてどのような意識を持っているかが分かれ目です。そのポイントは、you＋Vから何を学ぼうとするかにかかっていると思われます。

　しかし、そこから何も学ぶことができないとすれば、I＋Vという存在は、you vs. Iとの関係を意識して、彼らと共生ができないことになります。そうであれば、互いに人間として、他者を他者として認め合って成熟していくという意味の自立ができなくなるわけです。それでもそこで、いかにしてheやsheやitを入れて生きるかが問われます。それは、「寛容」を相互間でどのようにして実現していくかでもあるのです。heやsheやitのいない自立ということはあり得ないわけですから、それらをどのように位置づけるかが大切です。

　6）英文次元の背後に見られる「人称・非人称の三角形」の在り方

　人々は自由に英文レベルでの会話をしています。しかしそのことは、気づかなくても、その背後で彼らは「人称・非人称の三角形」の在り方に基づいて理解し合う者として配置されていることを意味しています。

　英語でコミュニケーションをする際は、そのプロセスで、
「you と I と it」との三角関係のどこに、その時の自身が
配置されているかをつねに自問自答し、意識するよう心掛
けることです。
　たとえば次のことに注目すべきです。
　それは it についてです。実にこれは各所に使われてい
ます。その it が you と I 以外の何を表しているかです。
気候か、時か、真理か、客観性か、楽しさか、その他か。
　また、この it は何を受けているかです。名詞か、to 不
定詞か、関係代名詞が率いるものか、その他か。
　会話の中ではどうか、それを想定してみましょう。その
プロセスで、自分を I と意識していても、目の前の人から
you と質問されます。またそこに数人いると、その中の一
人が他の人に話しかけつつ、自分に対して he と認識し発
言することも頻繁にあるのです。このように、人々は三つ
の人称のそれぞれに配置されて確認されることに慣れる必
要があります。

　この往来には、二種類あります。
　一つは、既成の方向へと収斂する「人称・非人称の三角
形」の在り方を意識することです。また特に重要なことは、
基本的に自分が、つまり、ここで自分がとは誰もがという
ことですが、各々が it という在り方を強制され、そこに
置かれていることを意識することです。
　もう一つは、その既成性からどのようにして抜け出たら
いいか、ということに関心を持って発言すべきであるとい
うことです。

社会構造や種々の組織においても、人々は不可避的に目に見えないいくつもの「人称・非人称の三角形」の在り方に基づいて、その各項を行き来する者として配置され、その中のitから問いかけられる存在として生きているのです。

　これは、欧米に住む人々が「人称・非人称の三角形」の各項を往来して互いの意思疎通をしていることを示すものです。同時にまた、欧米の社会にある国家や各種の会社などの、いろいろな組織も、この三角形に基づいてそれらの関係を組織立てているのです。

　このことは、たとえば各種の企業のトップはその企業の方針を組み上げ、その方針に則して企業運営のプログラムを構成することからも理解できます。その企業方針は、各スタッフのyouやIが主体者としてつくり上げる一面がありますが、それでもあくまでもその企業のトップに属する人たちがその原則をつくる主体者としてあるわけです。この意味で、そのトップはその組織の責任者としてIを自覚してその組織を運営するわけです。

　そのようなIから見て、そこで働くスタッフは基本として全員三人称のthemとして扱われるのです。

　ここで起きる問題はそれが国家の場合です。国家においても、そのトップが主体者Iとされ、そこで生活する人々が三人称のthemと理解される方式で進んでいいかということです。

　それには当然問題がありますから、既成の権力に対抗して働く新しい革新的なあり方をする力はどのような形のものかを次の図で示してみます。次の図を③変革の三角形と

します。この③変革の三角形は、②の運営・管理の三角形（p.75）がもつ権力性を見直し、人々が主役で、対等の関係を志向することを示すものです。

　この「う（it）に則して、あ you、そして、い Ｉ」で構成される三角形は、（ハ）に見る圧政の主体をつくらず、差別された人々を対等に結ぶ水平線をつくり上げ、（ハ）（イ）（ロ）でつくられる三角形からの解放を示しています。この図の「う（it）、あ（you）、い（Ｉ）」の三項がつくる三角形は革新的なものです。

　それでは以下に既成の三角形の在り方として機能する it は、どのようなものを受け、どのように働くかを考えてみましょう。名詞や、to 不定詞や、関係代名詞が率いるも

③変革の三角形

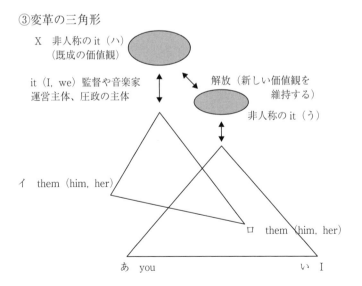

X　非人称の it（ハ）
　　（既成の価値観）

it（I, we）監督や音楽家
運営主体、圧政の主体

解放（新しい価値観を
　　　　維持する）

非人称の it（う）

イ　them（him, her）

ロ　them（him, her）

あ　you　　　　　　　　　　　　　　い　Ｉ

のや、その他を受けて働いています。

　また、it は、you と I 以外のものですが、その他には何を表しているのでしょうか。それは、気候というものか、時刻か、容態か、真理か、客観性でしょうか。

　真理や客観性の場合では、大きく分けると以下の二種類があると思われます。

　一つは、自然的な流れや物体の属性を正確に把握するルールであり、そして他はその流れや姿を利用して何かをつくり上げようとする際のルールを問うものです。

　そしてもう一つは、対象が自然の場合を含め、対象が社会文化系の在り方を問う場合です。それには狭い分野を扱うときと、you と I の関係を含め、社会や国家という在り方へと広く網を掛けて扱うときとがあって、どちらも原則とともにルールが問われます。

　サッカーで言えば、プレイヤーの動きが大切です。監督がそれを動かしますから、そのため、サッカー・ルール以外に、その人たちの歴史的に積み上げられたサッカー観が問われます。

　一般にこの種の三角形においてはまた、楽しさも、粗野なことも、孤独なことも、圧政も、暴力も、その他のものも見られます。

　欧米には、このような三角形を想定した会話や付き合いが確固としてあるのです。というよりも、この三角形が形成される時空に、歴史的には、教会論と国家論が鬩ぎ合い、資本主義と共産主義が鬩ぎ合って、you と I の世界を引きちぎって展開しています。

　ですから、この三つの項の往来を意識して、欧米社会の構図をつかみたいものです。

　7）単数性
　英語では、単数という在り方に与えられた「起動力」があるのです。この起動力に基づいた集合が複数でもあるのです。起動力が引き起こし得るものとしての「戦い」であったり、「共生」でもあるのです。とすれば、「戦い」と「共生」との相違はきわめて大きなものとなります。それで、この相違がどのように引き起こされるかを考えたいものです。そこで発揮される想像力が豊かであることが期待されていると思われます。

　8）人間次元の努力
　どの社会にも、その習慣的な進行に任せていてはさらに退廃的になったり暴走したりする傾向が大きいため、それを避けるには、人間次元での努力で補われなければならないものがあります。ここでは、そのことについての概略を明確にすることを意図しています。しかし、英語と日本語ではその補い方は正反対のものです。そのことに注意すべきです。
　というのは、英語では「固定観念主義」であり、日本語では「情中心」が各々の基本にあるということです。であれば、固定性につまずかないで固定観念をいかに避けるか、そして、古い時代に生まれた礼節に範をおく情中心というあり様をいかに避けるかということがそれぞれの言語に生まれた人々に問われています。

（1）英語において──

剛構造性に乗って進んだら危険ということがあります。既成の概念構造につかまって、どのように進歩的に臨んでも、保守性から抜け出て、他と対等であることを求める人間へと成長することは難しい側面があるわけです。というのは、イエスかノーかを示すことで肯定の認識か否定の認識かのどちらかを選択する方式を持つものが英文ですが、それは切れ味が良いように見えて、人々にその時限りの単純な反応をさせやすいためです。また、その概念構造において革新的に対することが可能でも、保守と革新との対立からまた、抜け出ることが困難です。保守にしても革新にしても、そこにこだわれば概念は一種の刃ですから、互いに刃を抜いて対決する構図から抜け出られないことが多くなります。

真の問題は、このいつまで続くか分からない不毛な対決を避けること、すなわち、どこまでも相互の寛容を、志向することです。それを可能にさせるのは、概念主義の怖さを認識しそれを避けるための、人間次元の努力が必要になります。

（2）日本語において──

ここでは、空気に乗って進んだら危険ということです。

一つは、概念的構築をして生きるべく、人間次元での補強が求められています。日本ではしかし、情中心ですから概念にしがみつく形でその情にこだわる作用が強いのです。そのため、大概は保守的な概念の収集に終わる傾向が強く

なります。そのため、もう一つの革新的な概念の収集ではなく、人間をつくり直すという変革が求められるわけです。

さらには、保守的にしろ革新的にしろ、それに求められる種々の観念を振りまわすだけに終わると、その底流で人間という存在が忘れられ窒息しやすいのです。そのように、人間における停滞を引き起こさないためには、つねに人間自体のあり方をどのようにつくるかを基本にして概念の構築をすることです。

3．実際的な学習の進め方

会話文でも、リーディングでも、以下に示す形で進めることとします。ライティングについて簡単に述べるとすれば、リスニングとリーディングの際に学んだ英文の形式をそのまま利用する方が良いと思われます。

音　読

パラグラフ単位の音読をゆっくり進めていくことです。人物がそこで扱われていれば、その人が人称と非人称の三角形のどこに置かれているかを推測し、そこでの意味を推し量りながら英文を読みます。口を大きく開けて、声に出して数回読むことです。

その意味が分からなければ、英和辞書や文法書や言い回しに関する書籍を自由に見て、日本語でそれらの意味を確認することがいいと思います。その上で英文上でその意味を把握しましょう。

その次に、英文を何回か読みますが、その際は、日本語

訳を忘れることです。そして、どこまでも英文に沿った意味を推し量りながら音読することです。

　あくまでも、英文を通して、それが何を言っているかを理解しましょう。それが、I love her. であれば、「オレは彼女が好きだ」などと、訳して理解したとしないことです。I は I と理解し、love は love と理解し、her は her と理解することです。そのあと、I love her. では何が述べられているかを推測することです。

　会話では必ず you vs. I の関係を念頭に置きつつ進めます。その文章における、会話の I は you の求めにしっかり答えているかどうかを確認します。それがつかみがたい英文の場合は、音読をする人から見て、それがどのようであるかを推測します。

　意味が分からない英文、または、部分的な語句については、その繰り返しの音読を何回もします。自分の中で you と I とに分かれ、その間でのやりとりであると仮定して、イエスやノーで答えられる質問や、音読をする人から見た、質問や疑問を提出し、かつその答えなどを出す努力をしてみます。そしてその反応を含めた音読をもします。

　その英文が I love her. であれば、

Do you love her? Yes, I do.

Why do you love her? Because she is cute and active.
など、いろんな問いかけをしてみることです。

想像力による把握

その英文がどんな意味か、想像力をたくましくして英語でつかもうとしましょう。

最初は日本語の訳で取ることで良いと思います。その際は時と場によって訳し方が変わらないようにしましょう。発音や意味などが分からないところがあれば、何度でも辞書などを利用します。そして、それを元の英文に置き直します。この英文の意味は、こうこうであろうとあらん限り推測し、英文の在り方をつかむことです。

英文では、その発言の中において、自分がどの人称に立っているかを意識し確認しましょう。一人称か、二人称か、または三人称なのか。それを推測しつつ確認したいものです。

そして、その発言で、自分が三人称に置かれたものと推定し仮定した場合、それを受け入れられるか受け入れられないかなどをも考え、答えることです。もしその her が自分だと仮定すれば、どう答えるのでしょうか。その答えはそっけないものかもしれません。

Oh. I'm very busy now.
のように。

次の段階

英語の主語と動詞は、S+V（I+V）とされています。カッコ内の I+V は、単数の一人称代名詞と動詞です。この I+V は、基本的な単位です。しかし、特に何も気にしなければ、それは、ごく常識的な既成の価値観にある発言で

す。人々はつねに既成の価値観へと引っ張られて生活しているからです。それはまた、その時代の流行にたえず左右されて、思考し判断しているということです。

　人々には一般的には、そこには当然左右の思想的な違いがあるのですが、そのどちらにしても、「既成の舞台」の上で生活しているのです。しかし、既成の価値観にただ引きずられていることで良いのだろうかと、自問しても良いと思われます。

　これに対して、同様に S+V（I+V）を起動させ、人はいろんな文を発します。その際人が意識して、既成の在り方に対抗して、新たな価値観に即した文と文章を置くとすれば、それはどのようにすれば可能なのだろうか、このように自問自答したいものです。

　このS+V（I+V）は、すなわち、S+V（I+V）+O などの文型の一部です。よく五文型と言われます。ここでは主にと述べますが、この五文型を基礎にした文構成と、そこに組み込まれ序列化された概念関係があるわけです。この関係の多くはしかしきわめて古くからのもので、硬直化したものです。

　そして、これに基づいて、無数の sentences、そして paragraphs などがつくられています。五文型関係と三人称性の関係が守る保守的なサイクル内と、序列化された概念関係のサイクル内をぐるぐる回って、多数の文が生産されているのです。

　そのためポイントは、つまり、この二つのサイクルの外側に出ることが可能な価値観を設定して、S+V（I+V）を

発することです。

　人が意識して発言する、S+V（I+V）に基づく価値観です。それは、「人称と非人称の三角形」の内の見直しに留まるのか、それとも、どのように意識すればその外に出ることができるのかです。具体的にはどのようにすればいいのか、推測してみたいものです。

おわりに

1.「うんざりするほどつまらない訳読式の授業！」 これをまだ続けたいのか？

文法・訳読方式への疑い

榎本博明は「幼少期の英会話が招く学力崩壊」（週刊新潮2020年3月26日号、pp.136-140）で、次のように説明しています。

　そもそも、従来の文法重視の授業や、読解・翻訳ベースの英語力というのは、そんなに悪いものだったのでしょうか。英語と日本語は、文法構造などが大きく違います。言語としての距離が遠い。一方、ドイツ語やフランス語などのヨーロッパ言語は、日本語と比べてはるかに英語に近い構造です。日本人にとっての英語学習は、ヨーロッパ人にとってのそれよりずっと知的能力を要求される仕事なのです。「I love you.」という英文を訳すとき、例えばドイツ語なら、構文はそのまま単語を置き換えれば翻訳が完成します。でも日本語の場合、「愛しています」から「お前が好きだ」まで、話し手の性格や文脈によっていくつもの正解があり得ます。このとき翻訳者の脳内で起きているのは、想像力や英文法の知識、日本語の語彙をフル動員した、極めて高度な知的作業です。

　こうした翻訳学習は、子どもたちの知的能力の発達に大いに役立ちます。ところが、いくら発音をネイティブ

に近づけて、外国人と仲良くおしゃべりできるようになったところで、勉強ができるようになるわけではありません。

翻訳は知的作業だとされています。本当かな？　それは単なる「意味の置き換え」作業にすぎないんじゃない？

知的作業だとされても、翻訳という行為は英語の在り方が基づく抽象性に対して自然の流れに根づく具体的なものの姿が細かい部分に至るまで打ち消し合い、互いにぶつかり合って、焦点ボケの中での作業でしかないのです。

そして、英語の学習プロセスで、英語がもつスタンスが見えなくなり、日本文化の姿も荒れ、こわれていきます。さらに、日本人の内面もまた歪み、劣化しています。

その置き換えの仕方が、子どもたちには、ちぐはぐで、込み入っていて複雑だと見えるのです。英語に向かっていると思っていたら、いつの間にか、国語での、英語の姿を無視した意味の置き換えの方に苦しめられるようになっているわけです。それって英語の学習なのかな？

2．「対話の相手をどうやって見つけるのか？」　　何もしなければ、日々劣化し消えていくプロダクション能力です

実践的学習方式への疑い

榎本（前掲記事）に言わせると、次のように説明されています。

いくら発音をネイティブに近づけて、外国人と仲良くお

しゃべりできるようになったところで、勉強ができるようになるわけではありません。

「仲良くおしゃべりできる」とされています。でも、こんなことは、ほとんどの子どもには無理でしょう。できると思っているのでしょうか。英語の、普通の速度のしゃべりをリスニングしようとして、それについていくだけで至難のことです。

生徒たちの劣等感

・上手くいく場合

　最初日常会話と思って訓練を始め、レアケースですが上手くいく場合もあるのです。でも、実践的な英語を続けていくと母語がどうしても傷ついてしまいます。早期学習であればあるほど混乱が大きく出ます。それでもちょっとできるようになると、こんなレベルの力で良いのかと思い、もっと突っ込んで話せたらなどと思ってしまうと、ダメです。リスニングして聞いた内容も耳に入らず、劣等感が太ってくるのです。

　発音についても、一般的に受け入れられやすい音声があって、それを外国人から学べればいいのですが、大方は非常に癖のある音声にぶつかってしまい、それらをそのまま子どもたちは受け継ぐことになります。最初のころは良い発音とはどんなものか、分からないのが実情です。外国人への劣等感はついて回るのです。これで、教育と言えるのかな？

・上手くいかない場合

　早期に始めると、たいてい訓練によって母語が持つ特性

とぶつかり、聞いている英語が少しも分からないため、心理的にも混乱します。意味も分からず押しつけられる訓練では生徒の心は閉じていくだけです。話される英語を聞こうとする意欲が消え去ってしまうのみならず、母語に取り返しのつかない欠落が出て来るのです。その際の劣等感は大変なものになります。

劣等感の深まり

日本人はもともと欧米人への劣等感があるようです。会話の程度が初歩的でも、思っている以上に底が深く、日常会話のレベルまで行くのが大変です。仮に日常会話のレベル程度までに進もうとして、その途中で、どうしてもよくしゃべれなかったということがあると、休んだりしてその後ではもっと声が出なくなります。それに、引っ込み思案な日本人は、一人でこの訓練を続けることはまず無理なのです。仲間を見つけるか、それに関わる職が見つかれば、救われることもあります。そんな風に救われるのはごくごく少数です。音声のマスターのみでも、次第に底が深くなっていくのです。そのため、このような実践的な学習を続ければ、頭脳の働きがバランスを失い、すさみ、さらに大きくなっていくのが劣等感です。

3．歴史を振り返ってみましょう！

歴　史

大きく割り切って考えると、訳読学習と実践的訓練、この二種類の学習の堂々巡りが、明治初期以来の英語教育の

歴史です。このように言い切っても良いと思われます。

　長い歴史にあって、こんな体たらくを繰り返し、その時代時代の生徒たちに大きな迷惑をかけ、右往左往させ、生徒たちを英語嫌いにしてきているのが実情です。英語教育と称して、将来に確実な保障もできずに、ただ混乱を大きくするためになされている、と言った方が適切でしょう。泥沼の連続なのです。

研究者たちの劣等感

　いくつもの英語教育の学習理論があります。これまで日本では、恥ずかしげもなく数多くの理論が西洋理論に寄りかかって、その提案がつくられています。この劣等感が、言語研究者や教育理論の研究者たちにこそ根深くあることを示しています。

　榎本（前掲記事）では以下のように主張されています。

　　　カミンズ教授は、バイリンガル研究において、「子どもの第二言語能力は第一言語能力によって決まる」という理論を打ち出しています。第一言語（母語）が十分に発達していれば、その能力を利用して第二言語（外国語）を習得できる。でも、第一言語がまだ十分発達していないうちに第二言語にさらされると、日常会話はできるようになっても、読み書きがきちんとできるほどに習得できないといいます。それどころか、母語の発達まで阻害され、二つの言語とも日常会話程度のコミュニケーションレベルにとどまってしまう可能性もあるのです。

　榎本はしかし、「英語と日本語は、文法構造などが大きく違います。言語としての距離が遠い」（同記事）と言っています。そのように指摘しながら、「子どもの第二言語能力は第一言語能力によって決まる」という理論を支持するのは明らかに矛盾です。そんな矛盾があれば、彼の主張は当てにはなりません。自身にそのようなちぐはぐなことがあることが見えないのでしょうか。

　ここで、カミンズ理論について、山田雄一郎（『英語力とは何か』pp.30-31）の見解を見てみましょう。

　　カミンズとスウェインにおいて特徴的なのは、共通基底能力（Common underlying Proficiency）を提案したことです。バイリンガルの能力を互いに独立した二つの言語能力として説明するのではなく、バイリンガルの脳の中では一つに収斂していくと考えたのです。（中略）二つの言語能力はその根元でつながっているというふうに考えるわけです。現在、こちらの仮説の方が有力視されており、私自身も日本人の英語力は共通基底能力を想定しなければうまく説明できないと考えています。

　　ここでいう共通基底能力（日本語と英語が重なった部分、つまり融合した部分）とは、どちらの言語に対しても同じように働く一種の中央制御装置のようなものと考えればわかりやすいでしょう。

　ここでは、「二つの言語能力はその根元でつながっているというふうに考えるわけです」と説明されていますが、ここに最初のボタンの掛け違いがあるのです。すなわち、

この考え方は、日本語や日本文化がどのようなものかについて、何の検証もない観念論に根差した仮説でしかないのです。

　また、早期にはじめる教育に関して、榎本は「日常会話はできるようになっても、読み書きがきちんとできるほどに習得できない」と指摘しています。果たしてそうでしょうか。それでは、訳読式では、きちんと英語に向かって英語の読み書きを体得している、と言い切れるのでしょうか。たとえば、訳読式英語学習に終始しているから、英語の教師自体がどうしようもなく保守的で、そこから抜け出られず、英語の革新性を体得することができないのではありませんか。

　多くの英語教師が自身の意見を持てない理由は、訳読式のやり方、英語を追いやって、主に国語（日本語）に引きつけて行う学習方式を優れたものと、盲目的に信奉しているからです。それぞれが自身の意見を持てない、これは残念なことです。英語教師自体がきちんと英語そのものを英語として読み切れず、書き切れていないからです。

　西欧の学習理論に寄りかかって、外国からもらった学習理論を振り回して、日本に応用し、提唱するのはもう止めにしませんか。研究者であれば、自身で発案して欲しいものです。

　カミンズに則し、「文法・訳読方式」が正当化されていますが、そんな外国人頼みは止めましょう。それは、日本語と西欧諸言語とは異質で、相反する関係にあるからです。

4．英語と日本語の距離は大きいでしょうか、
　　小さいでしょうか

連動か離反か

　このように問えば、英語と日本語は離反した関係にあり、それも大きく離反した関係にあるのです。

　このことは、榎本が「英語と日本語は、文法構造などが大きく違います。言語としての距離が遠い」と指摘している通りであり、実際にはそれ以上に乖離が大きいのです。

　混合方式と分離方式のどちらが良いかと問われれば、これからは分離方式を取るべきです。英語を理解するのに、日本語を<u>混ぜてはダメ</u>なのです。「訳読式」で英語を理解できるとすることは止めたいものです。

和と洋との、二つの文化

　和洋の二つの文化があるとされています。この二つは、違ったものと認める人たちが多いと思います。

　だから、「和魂漢才」「和魂洋才」と言われ、外国から学んだものは「漢才」「洋才」という位置しか与えられず、それらは「漢魂」「洋魂」にはなり得ないとされています。

　和と漢も、和と洋も連動しないとされていながら、形式上ではつなげられているわけです。実際はしかし単に相反するだけでなく、分離し、反発し合う関係にあるのです。このことから、連動する形で、この二つを位置付けられないのです。

　つまり、「和魂と洋魂」「和魂と漢魂」は別物なのです。そのため、日本人は、英語を習得するためには、「洋魂」

を自身で別物として、準備し、用意しなくてはならないのです。そして、「洋魂」を学び習得するためには、日本人は「和魂」とは何かを学ぶ必要があるのです。

5．自分の力を信じよう！

学力って何？

英検でいえば、3級よりも1級の方が学力があるとされていると思われます。学力を測る組織としては、英語検定協会などいろんな組織があります。そんな外部の組織に認められて習得した技能や知識は、学力なのでしょうか。

他の諸組織に認められ、受動的に習得したものは、時が経ち、その要がなくなれば消えていきます。特に、それら組織に制度化のされ方とその中味に欠陥がある場合、それに依存し、はまって、形だけの学力に甘んずるしかないのです。そのようなものが学力であるはずがありません。

学力とは、その人がその人自身で「英語の世界」を歩んでいけるぞという端緒に立ったと実感を持てることなのです。そういった実感は、英検3級程度でも持てるわけです。その実感なしに2級を取っても意味などは少しもありません。そんな努力は無駄なことです。

このような実感を持てれば、理数系にも人文社会系にも、どちらにも進めます。

そして、そんな実感とともに、次のことが求められるのです。

学力と人間

　自分の力を信ずるには、生命を大切にすることです。人間の生命力を忘れていませんか。学力とは、これにどのようにつなげていくかが問われるものです。

　冒頭に挙げていますが、日本の英語教育界の改革に長い間その全生涯を捧げて戦った若林俊輔が、指摘する次の点に耳を傾けるべきです。

　　言語教育においては、まず何よりも、人間と言語のかかわりについて、その理論と実際を扱う。理論的なことだけを操るのでは言語教育は成立しない。言語は自ら実際に体験しなければ理解することもできない。これは日本語の場合も外国語の場合も同じである。ことばは人を生かすことも殺すこともできる。このことを教えなければならない。ことばと文化のかかわりも教えなければならない。日本人である生徒たちに、自分がどういう文化圏に生存しているかを言語を通して理解させるのである。ここから国際理解が生まれる。（『英語教育』1979年10月号、前掲書② p.20）

　求められることは、自身の生命を大切にすることへとつながっていく学力です。他の人たちとともに生きる手立てを大切にすることです。

　このことへとつながっていくものが、学力をつけることです。それが学校に与えられた目的なのです。

　　　　　　　　　　　　　2021年1月1日　山田 豪

参考文献

Lewis Carroll, *ALICE'S ADVENTURES IN WONDERLAND* (1897, Macmillan and Co. Limited, London)

安井泉『対訳・注解 不思議の国のアリス』（研究社、2017）

Martin Luther King Jr., *I have a dream*. These passage are taken out of "American Rhetoric."

Lucy Maud Montgomery, *Anne of Green Gables* (1908,L. C.Page&Co.)

江川泰一郎『英文法解説』（金子書房、1991）

高橋瞳『日本入門』（小学館、2014）

中山理監修『英語対訳で学ぶ日本』（育鵬社・扶桑社、2018）

山田雄一郎『英語力とは何か』（大修館書店、2006）

安井京子『音読して楽しむ名作英文』（アルク、2017）

若林俊輔『若林俊輔先生著作集①』（若有保彦編、一般財団法人語学教育研究所、2018）

若林俊輔『若林俊輔先生著作集②』（若有保彦編、一般財団法人語学教育研究所、2019）

松岡正剛「日本のサッカー言語化を」（朝日新聞「戦いのあとで」2018.7.19）

「主語は『私』デモの系譜」（朝日新聞　2018.4.6）

スポーツ報知　1面（2018.4.28）

「天声人語」（朝日新聞　2018.4.28）

「国家が描く『物語』その先は」（朝日新聞　2018.5.3）

「消えた『普遍』」（朝日新聞　2018.5.3）

「ルポ2020カナリアの歌　プロローグ」（朝日新聞　2019.12.29）

「『おかしい』と声上げた高校生　政治は変わった」（ルポ2020
　カナリアの歌5　朝日新聞　2020.1.5）

著者プロフィール

山田 豪 （やまだ つよし）

富山県生まれ、在住。
白銀人間言語研究所主宰（2009年設立）。
日本英語教育史学会会員。
日本英学史学会会員。

主な著書に、『英語学習第三の道』（2017年、文芸社）、『英語教育・訳読の弊害』（2018年、文芸社）、『方言は今も生きている』（2020年、文芸社）がある。

三人称性がつくる物語として『不思議の国のアリス』を
音読してみませんか？ ～想像的な英語学習の入口として～

2021年3月15日　初版第1刷発行

著　者　山田　豪
発行者　瓜谷　綱延
発行所　株式会社文芸社
　　　　〒160-0022　東京都新宿区新宿1－10－1
　　　　　　　　　電話　03-5369-3060（代表）
　　　　　　　　　　　　03-5369-2299（販売）

印刷所　株式会社フクイン